Os números secretos dos relacionamentos

Conheça outros títulos da coleção Auto-estima

A arte da meditação, de Daniel Goleman, Ph.D.

A arte da prudência, de Baltasar Gracián

A arte da serenidade, de Hugh Prather

A arte de viver, de Sharon Lebell

A essencial arte de parar, de David Kundtz

Aprendendo a conviver com quem se ama, de Neale Donald Walsch

A sabedoria de Gandhi, seleção e introdução de Richard Attenborough

Conversando com os espíritos e *Em busca da espiritualidade*, de James Van Praagh

Dez leis para ser feliz e *Você é insubstituível*, de Augusto Cury

Faça o seu coração vibrar, de Osho

Histórias para aquecer o coração, de Jack Canfield, Mark V. Hansen e Heather McNamara

Histórias para aquecer o coração dos adolescentes, de Jack Canfield, Mark V. Hansen e Kimberly Kirberger

Muitas vidas, muitos mestres e *Só o amor é real*, de Brian Weiss

Não deixe para depois o que você pode fazer agora, de Rita Emmett

O caminho da tranqüilidade, de Sua Santidade, o Dalai-Lama

O outro lado da vida, de Sylvia Browne com Lindsay Harrison

O poder das afirmações positivas, *Pensamentos poderosos* e *Sabedoria para viver bem*, de Louise Hay

Pequenos milagres, de Yitta Halberstam e Judith Leventhal

Praticando o Poder do Agora, de Eckhart Tolle

Aparecida Liberato
& Beto Junqueyra

Os números secretos dos relacionamentos

A chave para você se relacionar melhor

SEXTANTE

preparo de originais
Teresa da Rocha

revisão
Hermínia Totti
Luis Americo Costa

projeto gráfico e diagramação
Valéria Teixeira

capa
Miriam Lerner

ilustração de capa
Suppa

impressão e acabamento
Yangraf Gráfica e Editora Ltda.

CIP-BRASIL. CATALOGAÇÃO-NA-FONTE
SINDICATO NACIONAL DOS EDITORES DE LIVROS, RJ

L666n Liberato, Aparecida

Os números secretos dos relacionamentos / Aparecida Liberato, Beto Junqueyra. – Rio de Janeiro: Sextante, 2009.

ISBN 978-85-7542-502-2

1. Numerologia. 2. Simbolismo dos números. 3. Relações humanas. I. Junqueyra, Beto, 1960-. II. Título.

CDD 133.3359
09-2981 CDU 133.3:511

GMT Editores Ltda.
Rua Voluntários da Pátria, 45 – Gr. 1.404 – Botafogo
22270-000 – Rio de Janeiro – RJ
Tel.: (21) 2286-9944 – Fax: (21) 2286-9244
E-mail: atendimento@esextante.com.br
www.sextante.com.br

Prefácio

Os Números secretos
O caminho para a felicidade e o sucesso

"Qual será o segredo dos relacionamentos?", perguntou-se Marina enquanto contemplava o oceano, da sacada do hotel em que se hospedara em Salvador para uma convenção da empresa.

As ondas iam levando suas dúvidas sobre tantos relacionamentos complicados. E voltavam sem resposta. "Qual será o segredo dos relacionamentos?", repetia-se a questão como um mantra que ecoava no seu coração dilacerado pelos desencontros dos últimos três dias.

"O que haveria realmente de secreto por trás das relações?", pensou.

Jovem publicitária, Marina tinha um futuro promissor na agência de propaganda e marketing onde trabalhava havia dois anos. A empresa levara seus funcionários para uma viagem de confraternização e trabalho. Essa data fora muito esperada, pois, além da oportunidade de aprender coisas novas sobre a atividade a que se dedicava, Marina teria a chance de conhecer um lugar novo, com todas as despesas pagas e, ainda por cima, podia levar um acompanhante. Seria o melhor dos mundos!

– Seria muito bom. Seria... Mas como é difícil lidar com o ser humano... – murmurou. Agora suas palavras pareciam ser levadas pelo vento.

Recém-casada, Marina tinha tudo para curtir a paixão da sua vida numa descontraída viagem de trabalho. Tudo seria novo, já que passariam alguns dias em Salvador, cidade que ela sempre sonhara conhecer, podendo ainda conviver com seus colegas de trabalho. Tudo ao mesmo tempo. Tudo no mesmo lugar! Tudo...

– Tudo... Está dando tudo errado! O que fazer para lidar com os desafios que surgem na relação com cada pessoa, no amor, no trabalho, em casa? – protestou sozinha, quase suplicando uma resposta.

Marina estava descobrindo que na convivência diária que uma viagem em grupo proporciona, longe do cotidiano e dos rituais de relacionamento, muitas vezes as pessoas acabam escancarando as portas da sua intimidade. E os conflitos começam a acontecer – com muito mais rapidez e intensidade.

A jovem executiva respirou fundo e fechou os olhos.

"Tenho que descobrir o ponto de equilíbrio na relação com cada pessoa. Para isso deve haver uma espécie de chave com a qual eu possa compreender aqueles que me cercam e que interferem na minha vida...", questionou-se.

Naquele instante, sentiu um estranho arrepio. Um sinal viera do seu interior. Talvez estivesse encontrando uma pista para suas aflições.

Marina é uma pessoa de princípios sólidos e não gosta de desperdiçar tempo. Antes de embarcar com o marido e os colegas de trabalho, ela já havia planejado todo o roteiro do que *fariam* nas horas livres. Sabia quanto tempo passariam em cada igreja, em cada praia, enfim, em cada ponto turístico da capital baiana. Muito organizada, Marina sempre foi vista por seus colegas como alguém que tinha tudo à mão: sabia qualquer informação, resolvia todos os problemas. Era bom tê-la por perto. E ela gostava de exercer esse papel no grupo.

Tudo correu maravilhosamente bem no primeiro dia. Porém, nos dias que se seguiram, a convivência com aquelas pessoas passou a ser um grande desafio para Marina. O grupo de funcionários era grande e muito diverso; seu marido a requisitava a todo instante, sem se dar conta de que ela precisava se dedicar também ao trabalho.

– Tenho certeza de que ele é o meu Número! Nunca duvidei

disso! Mas por que então ele age assim? Por quê? – gritou e repetiu várias vezes.

Aquele Número a que ela se referia não tinha nenhuma ligação com a energia existente em cada relação.

– O meu Número... O meu Número... – repetiu numa velocidade maior que a das ondas, cada vez com mais intensidade.

Números... O que ela aprenderia é que sua relação com o marido, os amigos, parentes e colegas de profissão estava carregada de uma energia especial, com fortes vibrações... A chave estava em outros tipos de Números...

Ela, que normalmente conseguia resolver todos os problemas, com uma energia típica do Número 4, sentia-se agora pressionada por um companheiro que possuía a energia do Número 8, possessivo, que não sabia dividir a atenção dela com outras pessoas. Ele não aceitava compartilhar o tempo da esposa nem sequer naquela situação de trabalho, apesar do clima supostamente mais sereno e descontraído.

Ao mesmo tempo, Marina tinha que conviver com seu grupo. Marcelo, outro executivo que também carregava a energia do Número 4, era tão controlador quanto ela e, com seu jeito intransigente, logo se tornou um obstáculo aos planos de trabalho dela – mais do que um obstáculo, ele era um muro de objeções no seu caminho.

A moça deparava-se ainda com Bianca, dotada da energia do Número 3, que o tempo todo tentava se esquivar do trabalho para poder aproveitar melhor as delícias da cidade. Também fazia parte do grupo o seu chefe, que tinha a energia determinada e exigente do Número 1. E ele não deixava por menos: quase a sufocava com suas cobranças. No meio daquele turbilhão de emoções, Marina ainda se sentia na obrigação de proteger sua auxiliar direta, a dócil Paula, que parecia muito frágil em sua primeira viagem para longe de casa.

O desafio dos relacionamentos é, sem dúvida, uma questão que surge a todo instante na vida de qualquer pessoa. Somos seres sociais. E em cada relacionamento existe uma troca de energia diferente. Há relações em que o entrosamento é muito mais fácil e pode até ocorrer naturalmente. Em outras o envolvimento é mais lento, mais difícil, porém, seguramente, não há combinação de pessoas que não possa dar frutos.

"Quando um não quer, dois não brigam." Esse dito popular aplica-se a todos os relacionamentos. É possível afirmar que as diferenças entre duas pessoas podem ser trabalhadas. E, em vez de ser obstáculos para que elas atinjam um objetivo comum, essas diferenças podem ser a chave que vai conduzi-las ao sucesso e à felicidade.

A esta altura, você já deve ter se dado conta da força dos Números. Bingo! Essa chave para o bom relacionamento está na Numerologia. O grande filósofo Pitágoras, há cerca de 2.500 anos, após peregrinar pelo mundo afora, absorveu os ensinamentos e as vivências de muitas culturas antigas que já acreditavam na energia dos Números, conscientemente ou não. Ele dizia que tudo no mundo se reduz a Números e estes revelam os princípios que regem o Universo e a vida. Cada Número indica um tipo de experiência e, portanto, um tipo de energia. Assim, os Números perdem o caráter puramente quantitativo e passam a ser compreendidos como elementos que possuem qualidades e interferem na realidade. A Numerologia moderna se baseia nesses ensinamentos de Pitágoras e vários estudos têm relacionado o significado dos números ao nosso nome e à nossa data de nascimento, revelando assim informações ocultas sobre a personalidade, sobre o passado, o presente e o futuro.

Voltando à história de Marina, caso ela tenha consciência dos Números das pessoas com as quais lida, isso poderá fazer toda a diferença nos seus relacionamentos. Saberá que uma pessoa Número 8, como seu marido, tem dificuldade de se colocar em segundo plano e que Bianca, Número 3, não suporta ficar fechada entre quatro paredes o dia inteiro; ou que Marcelo, Número 4 como ela, precisa se sentir no controle da situação para ter segurança, ou ainda que ela mesma precisa aprender a relaxar e entender que é impossível lidar com todas as variáveis.

Como veremos adiante, a Numerologia proporciona a chave para decifrar os segredos que existem em cada relação, em cada pessoa. Com ela você poderá usufruir o melhor de cada relacionamento – seja profissional, afetivo ou de amizade.

A natureza do relacionamento irá determinar o tipo de parceiro que se deve escolher. Num relacionamento afetivo, de amor, a tendência é a pessoa se ligar a alguém que tenha as características que faltam a ela para assim poder construir uma vida conjunta, voltada para o mesmo projeto. Pessoas muito parecidas podem ter as mesmas deficiências e, portanto, não lograriam concretizar um projeto de vida em comum. No entanto, mesmo nesses casos é possível encontrar um ponto de equilíbrio, ainda que isso exija muito mais paciência.

Vejamos o exemplo de Noêmia. Ela é casada e vive feliz em sua relação. Com a energia do Número 9, tem dificuldade em se direcionar para as atividades mais complexas do dia-a-dia. Noêmia é uma médica que não tem determinação diante de desafios que envolvam seu trabalho, suas obrigações e responsabilidades. Idealista e sonhadora, ela ao mesmo tempo teme o futuro e sofre só de pensar em perder o vínculo com o seu passado. Seu companheiro, dotado da energia do Número 6, proporciona-lhe segurança. É capaz de compreender e aconselhar, caminhando junto e trazendo Noêmia à realidade. Ele a incentiva e lhe dá apoio.

Num outro tipo de relação e vivência encontra-se Caio, um sonhador e visionário Número 11. Tem grandes pretensões e muita pressa em concretizar suas idéias pioneiras, mas, ansioso não consegue se assentar para colocá-las em prática. Resolveu montar uma empresa com a finalidade de desenvolver um catálogo com referências, fotos e informações de todos os monumentos históricos de sua cidade. Percebeu então que não consegue canalizar sua intensa energia de maneira eficaz para atingir seus objetivos. Anda em círculos, cria, mas não se organiza. Caio desenvolveu uma relação com uma pessoa com a energia do Número 4, que consegue fazer toda a parte em que ele tem dificuldade: cuida dos detalhes, organiza, planeja e executa o trabalho com critérios e limites.

Numa relação de amizade, as pessoas geralmente se juntam por afinidade. Por exemplo, as de energia Número 6 se encontram e desenvolvem uma boa relação de amizade porque gostam das mesmas coisas, como realizar atividades em grupo, ter vários círculos de amizade, assistir a filmes românticos ou ajudar os outros. Já as pessoas de Número 5 se unem na amizade desfrutando sua independência, seu dinamismo, espírito de aventura, enfim, buscando sempre novas experiências.

Na vida profissional, a dinâmica das relações apresenta-se de forma muito diferente: é quase impossível escolher os parceiros. Simplesmente você tem que trabalhar com essa ou aquela pessoa. Nos relacionamentos de trabalho você precisa ser maleável, pois encontrará o colega ansioso, o chefe intelectual, o subordinado egocêntrico ou aquele que adora uma prosa. Há também os sonhadores, os teimosos, os que têm o coração de ouro e tantos outros tipos. Você terá que se adaptar a todos os gêneros de personalidade.

O caso de Gisela é bastante ilustrativo da relação profissional. Ela é dona de uma escola de educação infantil. Com o Número 8 em sua Lição de Vida, Gisela é a administradora, toma decisões e faz da escola o seu empreendimento. Porém faltam-lhe a criatividade e a iniciativa para fazer inovações. Sua auxiliar direta, a diretora da escola, tem a energia do Número 1, o que lhe dá a coragem de abrir novos caminhos, de inventar e de levar a escola a crescer de maneira original.

No círculo familar, sempre zelamos pela boa convivência. Apesar de não escolhermos nossos familiares, é importante conhecer e respeitar cada um deles. Certamente sempre existirá o festeiro Número 3, que "deixa tudo pra lá", ou o organizado Número 4, que é "pau pra toda obra", o conciliador Número 2, que coloca "panos quentes", o reservado Número 7, que está sempre reparando e observando o que está à sua volta, o Número 1, que toma a iniciativa para resolver qualquer problema, e assim por diante.

Para ilustrar uma relação no âmbito familiar, contamos a história de Mário, um rapaz de 20 anos. Desde cedo ele teve bom desempenho nos esportes e logo surgiram oportunidades para que se dedicasse inteiramente ao basquete. Seus pais acompanham a sua carreira e o direcionam para que ele tenha uma boa formação pessoal. Porém, apesar de suas tentativas, ele não tem autonomia para fazer as escolhas mais simples, pois sua mãe interfere em cada evento de sua vida. Sua Lição de Vida, Número 1, indica que seu maior desafio é valorizar a sua identidade e buscar a sua independência, ter a capacidade de comando, desenvolver suas próprias idéias, aprender a enfrentar dificuldades e valorizar a coragem. Sua mãe, uma pessoa com a energia do Número 11, tem que aprender a se relacionar, a compartilhar. No entanto, com essa atitude, ela vive os aspectos negativos do Número, ou seja, a dificuldade em perceber o outro. A partir do momento que a mãe conheceu o Número de seu filho e o grande desafio da conquista de sua independência, ela conseguiu abrir o caminho para ele, sem sufocá-lo com seu excesso de zelo.

Você irá descobrir neste livro quais são as vibrações secretas que regem os seus relacionamentos. De certa forma, tudo está interligado, e você poderá melhorar muito a convivência no trabalho, no amor, no lar e na comunidade em que atua. Conhecendo o seu Número e o daqueles que o cercam, você será capaz de identificar como funciona a mente e a emoção, compreender a razão de determinadas atitudes, saber como responder aos estímulos externos e aos desafios, entender os desejos, avaliar o potencial e as dificuldades, assim como aguçar a sua intuição. Você se tornará mais consciente, amadurecendo e melhorando os seus relacionamentos. Isso naturalmente se refletirá na sua qualidade de vida e na sua realização pessoal. Leve este livro sempre com você e use-o como um guia de viagem. Assim, conviverá com aqueles que surgirem na sua jornada ao longo da vida com muito mais harmonia e prazer.

Boa leitura e seja feliz!

As chaves dos relacionamentos

Aprenda a calcular os seus Números para relacionamentos mais equilibrados

Ninguém nasce num determinado dia por acaso. Seu nascimento é regido por forças do Universo. E é essa data que determinará o seu Número, a partir do qual você poderá decifrar todos os mistérios da sua existência.

Seis Números formam o perfil do destino de uma pessoa. Desses, dois revelam a sua maneira de se relacionar com o mundo – ambos são obtidos a partir da data de nascimento. O primeiro deles considera a soma dos algarismos da data de nascimento – ou seja, dia, mês e ano – e é chamado de Número de Lição de Vida. O segundo considera somente o dia em que você nasceu. Esses dois são os Números de Relacionamento.

Vamos exemplificar. Suponhamos que você nasceu em 8/1/1960 e quer saber como é o relacionamento com uma pessoa que nasceu em 28/11/1979. Assim, para chegar ao seu Número, vá somando os dígitos até que o resultado tenha um algarismo só – a não ser que o resultado seja 11, que é um número-mestre, dotado de uma energia especial. Primeiro some os algarismos do ano em que você nasceu, reduzindo-o a dois:

$$1 + 9 + 6 + 0 = 16$$

Depois some o resultado com o dia e o mês* em que você nasceu:

$$(8) + (1) + (16) = 25 \rightarrow 2 + 5 = 7$$

---

* Janeiro corresponde a 1, assim como 2 é fevereiro e assim por diante, até 12, que é dezembro.

Portanto, o seu Número de Relacionamento é o 7. Como você nasceu no dia 8 e por isso não há nenhuma soma a fazer, você também pode considerar o Número 8.

E, para chegar ao Número da pessoa com quem você quer se relacionar, some da mesma forma os algarismos até reduzir o Número dela a um só dígito (exceto se der 11, um número-mestre), começando, como no exemplo anterior, pelo ano de nascimento:

$$1 + 9 + 7 + 9 = 26$$

Faça então a soma final:

$$(28) + (11) + (26) = 65 \rightarrow 6 + 5 = 11$$

O Número de Relacionamento dessa pessoa é o 11. Como ela nasceu no dia 28, também é possível considerar: $2 + 8 = 10 \rightarrow 1 + 0 = 1$. Ou seja, ela ainda pode vivenciar as vibrações do Número 1.

Mas atenção: o número que resulta da soma dos algarismos da data de nascimento é chamado de Número de Lição de Vida porque representa o desafio que a pessoa deve enfrentar na vida. Há casos, entretanto, em que a pessoa ainda não aprendeu a sua Lição de Vida e, portanto, pode não se identificar com esse número. Nesse caso, deve-se considerar somente o número do dia de nascimento.

Fácil, não? Agora que você já sabe os seus Números e os da outra pessoa, pode verificar como anda o seu relacionamento, cruzando-os nas páginas seguintes. Sempre que surgir alguém novo no seu caminho, consulte este guia. Assim você decifrará os Números secretos que regem os relacionamentos. Aprofundando o seu autoconhecimento e o conhecimento dos seus parceiros, você poderá transformar sua vida.

Sua agenda numerológica

Os Números de Relacionamento das pessoas mais importantes para você.

Seus Números de Relacionamento

Os seus Números de Relacionamento, para você conhecer melhor a energia que existe entre você e as pessoas que estão à sua volta.

Nome: ____________________ Data de nascimento: ______________

___ + ___ + ___ + ___ = [ ]

ano de nascimento

______ + ______ + [ ] = ______ → ___ + ___ = [ ]

dia de nascimento — mês de nascimento

Número de Lição de Vida

OU

______ → ___ + ___ = [ ]

dia de nascimento

Relacionamento afetivo

Os Números do seu relacionamento afetivo ou das pessoas que você gostaria de conhecer melhor.

Nome: ____________________ Data de nascimento: ______________

___ + ___ + ___ + ___ = [ ]

ano de nascimento

______ + ______ + [ ] = ______ → ___ + ___ = [ ]

dia de nascimento — mês de nascimento

Número de Lição de Vida

OU

______ → ___ + ___ = [ ]

dia de nascimento

Nome: ______________________ Data de nascimento: ______________

___ + ___ + ___ + ___ = [ ]

ano de nascimento

__________ + __________ + [ ] = ______ → ___ + ___ = [ ]

dia de nascimento · mês de nascimento

Número de Lição de Vida

OU

__________ → ___ + ___ = [ ]

dia de nascimento

Nome: ______________________ Data de nascimento: ______________

___ + ___ + ___ + ___ = [ ]

ano de nascimento

__________ + __________ + [ ] = ______ → ___ + ___ = [ ]

dia de nascimento · mês de nascimento

Número de Lição de Vida

OU

__________ → ___ + ___ = [ ]

dia de nascimento

Nome: ______________________ Data de nascimento: ______________

___ + ___ + ___ + ___ = [ ]

ano de nascimento

__________ + __________ + [ ] = ______ → ___ + ___ = [ ]

dia de nascimento · mês de nascimento

Número de Lição de Vida

OU

__________ → ___ + ___ = [ ]

dia de nascimento

Relacionamento profissional

Os Números do seu relacionamento profissional – seus colegas de trabalho, clientes e parceiros de negócios.

Nome: ____________________ Data de nascimento: ______________

___ + ___ + ___ + ___ = [ ]
ano de nascimento

__________ + __________ + [ ] = ______ → ___ + ___ = [ ]
dia de nascimento | mês de nascimento

Número de Lição de Vida

OU

__________ → ___ + ___ = [ ]
dia de nascimento

Nome: ____________________ Data de nascimento: ______________

___ + ___ + ___ + ___ = [ ]
ano de nascimento

__________ + __________ + [ ] = ______ → ___ + ___ = [ ]
dia de nascimento | mês de nascimento

Número de Lição de Vida

OU

__________ → ___ + ___ = [ ]
dia de nascimento

Nome: ____________________ Data de nascimento: ______________

___ + ___ + ___ + ___ = [ ]
ano de nascimento

__________ + __________ + [ ] = ______ → ___ + ___ = [ ]
dia de nascimento | mês de nascimento

Número de Lição de Vida

OU

__________ → ___ + ___ = [ ]
dia de nascimento

Os Números do seu relacionamento pessoal.

Nome: ______________________ Data de nascimento: ______________

___ + ___ + ___ + ___ = [ ]

ano de nascimento

______ + ______ + [ ] = ______ → ___ + ___ = [ ]

dia de nascimento | mês de nascimento

Número de Lição de Vida

OU

______ → ___ + ___ = [ ]

dia de nascimento

Nome: ______________________ Data de nascimento: ______________

___ + ___ + ___ + ___ = [ ]

ano de nascimento

______ + ______ + [ ] = ______ → ___ + ___ = [ ]

dia de nascimento | mês de nascimento

Número de Lição de Vida

OU

______ → ___ + ___ = [ ]

dia de nascimento

Nome: ______________________ Data de nascimento: ______________

___ + ___ + ___ + ___ = [ ]

ano de nascimento

______ + ______ + [ ] = ______ → ___ + ___ = [ ]

dia de nascimento | mês de nascimento

Número de Lição de Vida

OU

______ → ___ + ___ = [ ]

dia de nascimento

1

INICIATIVA, AUDÁCIA, CAPACIDADE DE INOVAR E ESPÍRITO DE LIDERANÇA

VOCÊ, UMA PESSOA 1!

Vamos direto ao assunto, antes que você perca a paciência e feche este livro. Você é exatamente assim: dotado de uma energia propulsora capaz de criar projetos inusitados, de trazer idéias que não passaram pela cabeça de ninguém. Autodidata por natureza, gosta de aprender e enfrentar suas questões sozinho. Não teme o desconhecido e adora desafios. Ansioso e impaciente, quer resolver tudo logo e fica contrariado ao ouvir qualquer crítica, por menor que seja. Bem, para você, que gosta de desafios, aqui vai um conselho fundamental para ajudá-lo a se dar bem na sua profissão, no amor e na vida em geral: procure prestar mais atenção àquilo que está ao seu redor, não desprezando os detalhes e a opinião dos outros.

VOCÊ (1) SE RELACIONANDO BEM COM OUTRA PESSOA 1

Só tem um jeito de vocês fazerem um trabalho juntos: o seu. Que o seu parceiro, que é outro 1, tenha lá suas idéias, tudo bem, contanto que fique na dele, sem dar palpites. Afinal, a última palavra tem que ser a sua. A idéia também. E o plano, nem se fala. Só que ele está pensando da mesma maneira. Mas então como duas pessoas 1 podem conviver no mesmo ambiente? Não é fácil, mas, se forem menos intransigentes, reunirão uma força capaz de mover montanhas. Numa discussão, procure analisar as colocações a partir de outros ângulos. Muitas vezes os dois vão competir entre si para ver quem lidera essa relação, quem manda, quem decide. O melhor é um cooperar com o outro, respeitando a independência e a liberdade de cada um, características que vocês tanto prezam.

VOCÊ (1) SE RELACIONANDO BEM COM UMA PESSOA 2

Talvez vocês tenham que fazer muitas reuniões, conversar bastante. Seu estilo impetuoso, aos trancos e barrancos, pode colidir com o calmo e paciente 2. Ele tem condições de ajudá-lo bastante, acalmando-o. No fundo, ele se sente muito bem dando suporte a você. Não se incomode se ele se mostrar interessado na sua idéia e fizer alguma crítica: ela será certamente construtiva e irá contribuir muito para o seu trabalho. Preste atenção no que ele tem a dizer. Ceda um pouco do seu individualismo e aprenda com o 2 a pensar mais no coletivo. O equilíbrio é a base do sucesso na vida. Vocês também podem se dar bem no plano afetivo, pois o 2 é compreensivo e sabe que sua determinação e coragem são importantes para ele.

Você (1) se relacionando bem com uma pessoa 3

Você, de repente, pode ficar uma fera com uma pessoa 3. É capaz até de tentar se distanciar dela, pois teme que tenha idéias revolucionárias. E, uma vez que ela é comunicativa e bem relacionada, é provável que as divulgue, ficando aparentemente com o mérito que deveria ser seu. Você vai achar que seu companheiro quer crescer às suas custas. Na maioria das vezes, esteja certo de que isso é fantasia sua: você e o 3 podem formar uma dupla de grande produtividade, um completando o outro. Veja o 3 como um porta-voz e não como um concorrente. Ele é um otimista inveterado que sempre enxerga um ponto positivo nos seus tropeços, ajudando-o a encontrar o melhor caminho. Afetivamente, vocês podem ter uma relação excitante na qual não há espaço para a rotina.

Você (1) se relacionando bem com uma pessoa 4

Or-ga-ni-za-ção. Or-dem. Pla-ne-ja-men-to. Esta é a trilogia da pessoa 4. Ela leva isso ao extremo e o deixa aborrecido. Você vai interpretar essa trilogia como: con-tro-le, cha-ti-ce e per-da de tem-po. Mas encare o 4 como alguém confiável que pode ajudá-lo a direcionar toda a sua energia para um objetivo. No fundo, ele vai impedir que você perca tempo com análises erradas e falta de atenção aos detalhes. E agilizar suas tarefas é algo que você gosta, não é, 1? O 4, por sua vez, necessita muito de você e da sua liderança. Ele é mais comedido e não arrisca, mas pode alertá-lo para que não entre numa tremenda fria. Enfim, juntos vocês "vestem a camisa" em cada missão que assumem e, assim, podem ir longe. No amor, só não deixe que o apego ao trabalho os afaste.

Você (1) se relacionando bem com uma pessoa 5

Você, que é ousado, aprecia o desconhecido e não teme encarar o perigo de frente, terá no 5 um excelente parceiro. Ele curte bastante uma atividade fora do comum, um projeto que todos consideram maluquice. Ou gosta de algo que seja secreto, mas que tenha movimento. Tudo que for novidade e aventura vai fazer com que esse amante da liberdade una-se a você e entre no mesmo barco. O principal ponto de atrito entre vocês reside justamente nesse estilo independente de cada um. Se deixar o barco correr, vocês podem naufragar, pois há o risco de buscarem rumos distintos. Dialoguem bastante, pois o 5 enjoa facilmente das atividades e quer logo começar outra. No plano afetivo, defina claramente o espaço de cada um e não queira impor limites ao dinâmico e livre 5.

Você (1) se relacionando bem com uma pessoa 6

É num detalhe que se ganha ou se perde uma batalha. Este certamente pode ser o lema de uma pessoa 6. Ela repara em tudo e não deixa escapar nada. Por outro lado, você não gosta de perder tempo com minúcias, pois o que mais lhe importa é terminar logo tudo. Os problemas de relacionamento entre vocês começam e acabam aí. Se você deixar o orgulho de lado e der um pouco mais de ouvidos ao dedicado parceiro, descobrirá que, por trás daqueles palpites, há alguém interessado em progredir que pode colaborar na sua caminhada. O 6 necessita de uma parceria séria, que lhe dê segurança. Você preenche esses requisitos, mas cuidado: qualquer escorregadela fará o 6 perder a confiança. No amor, ele curte o aconchego do lar. Se lhe der muita atenção, ele se entregará por inteiro.

Você (1) se relacionando bem com uma pessoa 7

Você é um desbravador e aprecia novidades. O 7 também. Todavia ele está mais voltado para dentro de si, em busca de respostas para tudo que lhe diz respeito. Isso faz de vocês pessoas individualistas, que podem encontrar algumas dificuldades no relacionamento. Seja menos crítico e não cobre tanto do seu parceiro, conquistando a simpatia dele aos poucos. Ele precisa sentir confiança para se tornar um poderoso aliado. Conselheiro e reservado, o 7 pode sinalizar o caminho certo para que você, ansioso e imediatista, consiga superar mais facilmente os obstáculos e atingir seus objetivos. Na relação amorosa, vocês formam um casal exigente e refinado que sabe apreciar as boas coisas da vida. Viagens a lugares místicos e passeios junto à natureza fortalecem a relação.

Você (1) se relacionando bem com uma pessoa 8

Juntos, vocês formam um rolo compressor. Quem estiver no caminho que se cuide. Ambos são dotados de muito vigor e disposição e se dedicam intensamente ao trabalho e aos projetos que abraçam. Você dá a essa parceria boas idéias e a pessoa 8, com sua capacidade de planejar e organizar, dá um direcionamento mais eficaz, fazendo com que atinjam suas metas sem grandes tropeços. Evite entrar num clima de competição e arrogância. Ouça seu companheiro e não queira desmerecê-lo contando vantagens. O relacionamento afetivo do 1 com o 8 começa com uma grande atração, mas não deixe que o espírito materialista anule os seus sentimentos. Procurem realizar projetos em comum, evitando que o choque de egos e a vontade de controlar o outro desgastem a relação.

VOCÊ (1) SE RELACIONANDO BEM COM UMA PESSOA 9

O amor é contagiante. Este é o lema da pessoa 9, que se dedica mais aos outros do que a si mesma. Um comportamento que não combina muito com você, não é, 1? Você coloca em primeiro lugar a sua vida e os seus objetivos. Tem uma energia nervosa que o impele a participar com êxito de projetos originais que lhe rendam reconhecimento e recompensa material. Que tal então um choque de afeto e solidariedade na sua vida? Vai fazer bem a você. Aceite e aproveite a parceria desse afável companheiro. Ele é dotado de uma boa dose de sabedoria e paciência para lidar com uma pessoa explosiva e impulsiva como você. Afetivamente, ele também pode iluminar a sua vida com muita dedicação ou até um simples sorriso.

VOCÊ (1) SE RELACIONANDO BEM COM UMA PESSOA 11

De saída, vocês possuem uma característica em comum: a ansiedade. Querem ver seus projetos concluídos o mais rápido possível e, se forem contrariados, irritam-se facilmente. Você já é assim por natureza e a pessoa 11 é ainda mais instável, podendo alternar períodos de maior agitação com períodos de calmaria e, por vezes, insegurança. Esse perfil faz do 11 alguém imprevisível, pois, quando menos se espera, ele explode, às vezes pondo tudo a perder. Mas, se vocês conseguirem controlar os nervos, poderão realizar grandes obras. Não seja turrão, ouça mais seu parceiro e leve em conta os pontos de vista dele. Você obterá mais reconhecimento e logo ganhará um elogio. E isso é uma porta aberta para o sucesso no trabalho e no amor.

2

DIPLOMACIA, PACIÊNCIA, GENTILEZA E CAPACIDADE DE ADAPTAÇÃO

VOCÊ, UMA PESSOA 2!

Você é o parceiro apreciado pela maioria das pessoas: tem um espírito pacífico e conta até 10 para não brigar, ou melhor, quando você chega ao 10, ainda tenta administrar o conflito... Você une os opostos e visa ao bem do grupo, integrando-se com facilidade aos propósitos da empresa ou da comunidade em que trabalha. Flexível, tem um dom inigualável de saber ouvir, absorver e torcer pelo sucesso de todos. Mas procure superar sua tendência à insegurança e à falta de ousadia, que podem torná-lo submisso e incapaz de expor seus pontos de vista e de levar adiante suas idéias. No amor, é um companheiro dedicado e apaixonado, mas pode se deixar dominar, anulando sua personalidade.

Você (2) se relacionando bem com uma pessoa 1

Uma idéia brilhante, um projeto diferente – você é uma pessoa sonhadora que corre atrás dos seus sonhos. Corre, corre... mas tem dificuldade em alcançá-los. Faltam muitas vezes coragem e determinação para que sua mente alcance a mesma velocidade da sua capacidade de realização. O 1 pode vir ao seu encontro para dar esse impulso decisivo na sua vida. Audacioso e cheio de autoconfiança, ele abre os caminhos para você seguir em frente. O 1 nada teme: é cúmplice do desconhecido. Ele também precisa muito de você, pois não sabe trabalhar em grupo e você, 2, é o parceiro ideal para ajudá-lo a superar principalmente os conflitos que o espírito nervoso dele provoca. Sua paciência será o pilar para que vocês se dêem bem. Quando um não quer, dois não brigam...

Você (2) se relacionando bem com outra pessoa 2

A parceria de dois diplomatas só pode resultar em muita paz e harmonia. Vocês têm um dom apaziguador e prevêem um atrito antes mesmo que ele comece. Pagam para não entrar numa briga – nem tanto pelo medo de enfrentar as adversidades, mas principalmente porque têm no coração o espírito fraternal e conciliador. O maior problema entre vocês é chegar a algum lugar, pois ambos têm grande dificuldade em realizar suas expectativas. Em geral, carecem de senso de direção e tendem a viver sonhando, sem fixar um objetivo concreto. Mas lutar para superar os obstáculos pode ser justamente o ponto forte da união dos dois. Ambos lutarão e vencerão juntos, compartilhando com isso uma felicidade enorme – tanto no trabalho como na comunidade e no amor.

Você (2) se relacionando bem com uma pessoa 3

Tímido por natureza, você pode até tremer se tiver que fazer uma apresentação em público. Só de pensar, já sente calafrios. Você tem muitas idéias para colocar em prática, mas não tem coragem de abrir a boca numa reunião ou de pedir ajuda a alguém, por vergonha, medo ou simples recato. Que pena... Que pena, nada! Tudo pode mudar! De repente, vai surgir um 3 apresentando pessoas e dando a você uma bela injeção de ânimo, achando sua idéia o máximo, incentivando-o a ir em frente... Ufa!, se não segurá-lo, ele não pára. Só cuide para que ele não sacuda tanto a sua vida a ponto de você começar a deixar os compromissos para depois. No trabalho e no amor, é preciso ter seriedade. E isso é o que você mais pode dar ao 3, que tende a se dispersar, envolvendo-se em muitas confusões.

Você (2) se relacionando bem com uma pessoa 4

Vocês tendem a estabelecer uma parceria morna, sem grandes turbulências nem muito entusiasmo. Você é retraído e hesita em partir para projetos mais arrojados. O 4 é quase um bicho do mato – ou, para ser mais preciso e usar uma expressão que ele adora, ele é um "bicho do trabalho". Vive para isso, com isso, por isso... Tudo é motivo para envolvê-lo na labuta. Funcionário aplicado e planejador ferrenho, o 4 não deixa escapar nada ao seu aguçado senso crítico. Isso pode fazer com que você se sinta ainda mais inibido, com medo de ser repreendido. Todavia, como você é muito flexível, procure aproveitar, sem anular sua identidade, esse lado organizado do 4, proporcionando a ele mais calma e percepção da vida. Vocês formarão uma fortaleza imbatível nas atividades do dia-a-dia e no amor.

Você (2) se relacionando bem com uma pessoa 5

Você logo vai querer mudar, viajar, inovar, conhecer, voar, badalar, agitar, realizar... Com o 5 é assim: prepare-se, pois sua vida vai ganhar muito movimento. Ele é o verbo por natureza, conjugado em todos os tempos, em especial no presente, e por pessoas, muitas pessoas, exprimindo ação. O problema é que você pode embarcar totalmente nessa e perder o propósito daquilo que está fazendo. Ele é envolvente, mas não consegue permanecer na mesma atividade por muito tempo. Isso pode deixá-lo zonzo, 2. Aproveite o lado sociável e desprendido do 5 e procure acalmá-lo um pouco, mostrando-se um parceiro com quem ele sempre pode contar, mas lembre-o de que, além do presente, ele também deve pensar no futuro. Com isso, um dia nunca será igual ao outro.

Você (2) se relacionando bem com uma pessoa 6

Harmonia e equilíbrio são o que pode marcar a parceria de vocês, que gostam de estabelecer alianças sinceras e duradouras. Amantes das atividades em grupo, vocês estão sempre dispostos a escutar. Compreensivos e pacíficos, realmente têm tudo para se dar bem. A pessoa 6 é mais crítica e observadora, enquanto você tem o dom de colocar panos quentes para evitar que um potencial conflito venha a acontecer. O ponto fraco dessa relação é justamente a tendência que vocês têm de se acomodar, principalmente se já atingiram um grande objetivo comum. Acordem, pois a vida continua e há muita luta e muita alegria para compartilhar. Profissional e afetivamente, vocês poderão formar um belo conjunto, sem medo de serem felizes.

Você (2) se relacionando bem com uma pessoa 7

Tempo: esta é a palavra-chave para quem deseja se relacionar bem com o 7. Ele tem um ritmo diferente, pois precisa se aprofundar nas questões e conhecer bem as pessoas, para então tomar a decisão de se envolver. Como você é paciente, saberá aguardar o momento certo – o tempo do 7. E isso pode demorar. Vocês vão conviver sem grandes sobressaltos, mas terão dificuldade em expor seus projetos, pois são introspectivos. Como por trás de toda dificuldade existe uma oportunidade, é provável que, juntos, vocês superem os problemas e consigam atingir seus objetivos. Mas trate de começar logo a romper, aos poucos, o castelo em que o 7 se refugia. Você tem muito a ganhar com o espírito analítico dele, sem desperdiçar seu tempo.

Você (2) se relacionando bem com uma pessoa 8

O 8 desperta em você uma grande admiração. Ele é decidido e corajoso, atirando-se obstinadamente às suas atividades profissionais em direção a objetivos ambiciosos. Eficiente, ele sabe o que quer da vida, e não raro sai atropelando quem estiver na frente. Inevitavelmente cria muitos conflitos e desafetos. Você, com seu instinto apaziguador, é o parceiro ideal para esse agitado e ansioso realizador. Bem mais paciente, você proporciona a calma necessária para o 8 agir e ele, em troca, permite que você alce vôos mais altos. Você vai torná-lo mais flexível e ele vai despertar em você o gosto pelas conquistas, por tudo o que é bem-feito. No amor, você terá um par cheio de vitalidade e disposição. Só não deixe que a obsessão pelas conquistas transforme a relação numa rotina desgastante.

Você (2) se relacionando bem com uma pessoa 9

Vocês formam uma dupla cordial e cheia de amor para dar. Mais do que isso: vocês não reprimem seus sentimentos, entregando-se de coração às atividades que realizam. Ambos possuem espírito solidário e muita paciência, por isso devem se dar muito bem. A pessoa 9 é mais criativa e dotada de uma compaixão inigualável, enquanto você tem uma postura mais diplomática. Os dois sempre serão o elo de união em um grupo, trabalhando mais pelas causas da equipe do que para vocês mesmos. Não raro vocês lutam pelos mesmos ideais. Na vida afetiva, também combinam, pois são sensíveis e dedicados um ao outro. Só alerte seu companheiro, que sabe ouvi-lo, para que ele não exagere nas suas causas humanitárias, deixando de lado a família.

Você (2) se relacionando bem com uma pessoa 11

Elétrico e estabanado, o 11 parece que só funciona se a tomada for de 220 volts. Se o trabalho não for excitante e diferente, ele empaca, perde a motivação e nada acontece. De posições extremadas, ele toma muitas vezes rumos imprevisíveis, deixando meio perdida uma pessoa mais pé no chão como você. Mas, como você é paciente e tem espírito conciliador, saberá recolocar o parceiro nos trilhos. E ele precisa de alguém assim, senão pode acabar jogando todo o potencial dele fora. E o brilho do 11 pode não ofuscá-lo, mas enche de luz o ambiente em que vocês convivem, sempre com novidades e surpresas, ajudando-o a deslanchar na vida. No plano amoroso, vocês se encaixam bem, ele criando e levando o casal para a frente e você dando o suporte de que ele tanto necessita.

3

Pensamento positivo, sociabilidade e poder de comunicação

Você, uma pessoa 3!

O Número 3 é como a personagem Polyana: sempre enxerga o lado bom de cada situação. Por pior que seja o momento que esteja passando, o 3 consegue vê-lo como um sinal, uma lição de vida que o fará amadurecer e crescer. Seu otimismo contagiante o torna uma pessoa querida por todos. Você tem um poder de comunicação incomparável e muita criatividade. Enfim, possui dois ingredientes básicos para o sucesso na vida: talento e capacidade de se relacionar bem. Conhecerá muita gente e com isso terá sempre uma porta aberta para expor suas idéias – ou demonstrar seu amor...

Você (3) se relacionando bem com uma pessoa 1

Trabalho individual ou em equipe? Se depender da pessoa 1, ela vai querer fazer tudo por conta própria, pois não tem paciência nem tempo para escutar os outros. Independente, o 1 aprendeu a se virar sozinho ao longo da vida. É autodidata e para muitos soa como convencido. Essa força e esse dinamismo vão deixá-los frente a frente. Você, que gosta de dividir sua atenção com outras pessoas, em pouco tempo vai ter problemas com o exclusivista número 1. Para trazê-lo um pouco para sua órbita, você terá que ser mais objetivo e assumir mais compromissos, mostrando ao mesmo tempo que, para se chegar a algum lugar no futuro, é preciso viver intensamente o presente. A recompensa para os dois valerá a pena.

Você (3) se relacionando bem com uma pessoa 2

Se você gosta de platéia e quer apoio para suas idéias, a pessoa 2 é sua parceira ideal. Ela é paciente e comedida, e pode ajudá-lo a dar um sentido mais claro aos seus projetos e à sua própria vida, seja profissional, seja pessoal. O 2 tem bom discernimento, sabendo separar o joio do trigo, assim como uma capacidade ímpar para conciliar pessoas em conflito. Você poderá contar sempre com ele. Bem, talvez nem sempre, porque ninguém é de ferro... Mas, se você não mudar o seu jeito instável, o 2 vai acabar se cansando e a parceria de vocês, que tem tudo para dar certo, entrará num processo de desgaste. Não perca o apoio e a admiração dessa pessoa tão importante para a sua caminhada: reserve para ela um lugar especial no seu coração e procure lhe dar toda a atenção, escutando-a e ajudando-a a encontrar um rumo na vida.

Você (3) se relacionando bem com outra pessoa 3

De tédio é que vocês não vão morrer! Seu trabalho em conjunto sempre será excitante e carregado de entusiasmo, principalmente se houver o envolvimento de outras pessoas, muita novidade e agitação. Tudo o que vocês realizarem juntos renderá boas gargalhadas e muita alegria. E, mesmo que o resultado não seja o esperado, vocês procurarão aprender algo. Resultados, aliás, é o ponto crítico da vida do 3. Quando duas pessoas 3 estão no mesmo barco, o problema se potencializa ao máximo. Vocês precisam aprender a definir um objetivo claro, tanto na empresa como na carreira pessoal ou na própria vida. Senão vai chegar um momento em que os dois descobrirão por que a formiga, e não a cigarra, é que estava certa. E aí poderá ser tarde demais.

Você (3) se relacionando bem com uma pessoa 4

É bem possível que você conheça uma pessoa 4 na festa de Natal da empresa, ou numa reunião da comissão de prevenção de acidentes ou da brigada de incêndio; ou pode ser numa reunião do condomínio, enfim, algo que tenha a ver com trabalho. O 4 adora isso! Se ele não sonhar com trabalho, é pesadelo na certa. Sua primeira impressão será a de que ele é um tremendo chato. A recíproca será verdadeira, porém, como para ele tudo é matemático, você será um chato ao cubo, um exibido, "bobo alegre" e inconveniente. Mas, na engrenagem de uma comunidade, há espaço para todos: é preciso alguém que tenha idéias e alguém que as organize, senão o caos vai imperar. A relação de vocês pode chegar a surpreendê-los, e com o tempo sentirão que necessitam muito um do outro. Vocês vão se dar muito bem...

Você (3) se relacionando bem com uma pessoa 5

A natureza faz com que vocês se atraiam. O 5, como você, é cheio de vida, adora uma badalação e o envolvimento com muitas pessoas. Vocês conseguirão juntos tocar projetos inéditos, que tenham muita ação e exijam criatividade. Se houver organização de eventos, viagens... vai ser o máximo! Nas convenções de vendas ou nas festas da comunidade, vocês se destacam, dando um show à parte. Porém, como a vida e o trabalho não são apenas festa e vocês são pessoas instáveis, o relacionamento pode se deteriorar de uma hora para outra. Tenha um pouco mais de seriedade e faça com que seu companheiro ponha os pés no chão. Você vai precisar ter jogo de cintura para driblar as crises. Na relação afetiva, é importante que vocês de vez em quando façam viagens e projetos a dois.

Você (3) se relacionando bem com uma pessoa 6

No seu cotidiano agitado, uma pessoa 6 sempre será bem-vinda. Ela curte o seu jeito alegre e divertido, e poderá ensiná-lo a ver a vida e o trabalho de uma forma mais objetiva. O 6 é voltado para construir e trabalha com espírito de equipe. Você dá injeção de ânimo ao seu companheiro e ele lhe dá suporte e equilíbrio. Como aprecia a ordem e a estética nos ambientes que freqüenta, ele traz harmonia a todos. Mas o 6 aprecia e necessita ser reconhecido. Nunca deixe de valorizá-lo e faça elogios sinceros. No plano afetivo, vocês também podem se dar muito bem, pois gostam de arte e de tudo o que é belo. Mas você terá que ser um pouco mais caseiro, abrindo mão, sem se anular, da vida agitada. No entanto, vá com calma, não precisa se limitar a viagens a dois e visitas a museus!

Você (3) se relacionando bem com uma pessoa 7

O relacionamento com uma pessoa introspectiva e fechada como a 7 pode parecer uma festa sem música. Você, cheio de entusiasmo, no maior pique para fazer novos projetos, conhecer gente, e ele voltado para o autoconhecimento, refletindo sobre todos os ângulos de cada questão e observando as pessoas. O 7 é assim mesmo, gosta de ficar no canto dele, sem fazer barulho. Mas não encare isso como uma relação entediante: na engrenagem de uma organização, as peças têm que ser diferentes. Numa relação afetiva também. Para formar uma boa parceria com o 7, você deve entender que do mesmo modo que é bom que haja um otimista e bem relacionado como você, também é necessário alguém que busque a forma mais sensata de agir, evitando precipitações e analisando tudo criteriosamente antes de decidir.

Você (3) se relacionando bem com uma pessoa 8

Vocês formam uma boa combinação para um relacionamento bem-sucedido no campo profissional, seja como parceiros, sócios ou colegas de trabalho. A pessoa 8, ambiciosa e quase obcecada pela prosperidade, dará a energia e a direção necessárias para que vocês tenham êxito nas suas empreitadas. Por sua vez, você vai permitir que essa determinação toda da qual seu companheiro é dotado tenha visibilidade. Não basta que ele organize, analise, planeje e saiba aonde quer chegar; talento e decisão não sobrevivem sem comunicação. E nesse campo você é mestre. Mas o estilo crítico e imediatista dele pode incomodá-lo, pois ele é viciado em trabalho e adora ditar ordens. Projetos novos e originais ajudarão a colocar os dois em sintonia – uma sintonia de alta freqüência!

VOCÊ (3) SE RELACIONANDO BEM COM UMA PESSOA 9

A afinidade entre vocês é grande. Ambos apreciam a vida social e atividades e projetos de muito movimento. Como parceiros, se entrosam muito bem, pois você esbanja ânimo e carisma, não dando espaço para sentimentos derrotistas, enquanto o 9 age de forma solidária e afetuosa, sabendo ouvir e perdoar. Vocês se encaixam e podem conviver sem maiores atropelos. Talvez tenham algum atrito quando você se entusiasmar demais, demonstrando uma certa imaturidade. O 9 é muito mais idealista e nem sempre está disposto a apreciar suas brincadeiras. Piada que fale dos outros, para ele, é um ultraje. Fofoca, nem pensar! Valorize as idéias do seu companheiro, encarando a vida com mais seriedade, e a caminhada de vocês será muito mais digna e gratificante.

VOCÊ (3) SE RELACIONANDO BEM COM UMA PESSOA 11

Vocês são pessoas agitadas. Têm muita energia, mas de natureza diferente. A sua é ligada à comunicação, ao desprendimento e ao convívio com muitas pessoas. A do 11 é voltada para a criatividade e, principalmente, a realização de projetos audaciosos. É uma energia nervosa e altamente crítica: se ele falha, não perdoa a si mesmo nem a quem estiver por perto. Mas ele depende de alguém como você para abrir caminhos e difundir sua obra e suas idéias. Você conhece o mundo. O 11 quer ter o mundo nas mãos. Mas cuidado para não perderem o rumo: conversar sobre todos os assuntos, inclusive o que está incomodando os dois, é saudável e evita que o seu intempestivo parceiro faça mau juízo de você. Dialoguem sem entrar em choque...

4

Determinação, organização, eficiência e disciplina

Você, uma pessoa 4!

Você é uma pessoa sistemática, organizada e que não deixa escapar nada. Nenhum erro. Certamente será o primeiro a notar que a palavra "você", no início do período, foi escrita em itálico. Seu elevado grau de concentração e atenção aos detalhes, a pontualidade rigorosa e a obstinação em realizar suas tarefas da melhor forma possível o tornam muito apreciado no trabalho em equipe, bem como um parceiro amoroso, sincero e fiel. Porém você tem dificuldade em demostrar seus sentimentos e acaba ferindo os colegas e parceiros, que nunca sabem se você está gostando ou não de determinada situação. Portanto procure soltar-se mais, seja menos sério e aceite brincadeiras de pessoas espirituosas, e faça atividades que o ajudem a se descontrair.

Você (4) se relacionando bem com uma pessoa 1

Bem, enquanto um itálico na página anterior o deixou incomodado, uma pessoa 1 considera isso bobagem. Para o 1, um ansioso nato, os detalhes só atrapalham. Numa relação profissional ou mesmo pessoal, é importante que você aprenda com esse obstinado empreendedor, pois ele pode ajudá-lo a realizar projetos mais ambiciosos. Além de tudo, o 1 é criativo e inovador, características que não raro lhe faltam, 4. Procure ser menos crítico e meticuloso e entrar mais no ritmo do 1. Mas aos poucos, para que você não seja atropelado pelo jeito estabanado dele, vá mostrando que, para se chegar a algum lugar, muitas vezes é preciso parar para pensar, conversar e, se for o caso, namorar...

Você (4) se relacionando bem com uma pessoa 2

Não vai ser difícil vocês se entrosarem, pois um completa o outro. A relação poder ser duradoura, tanto no âmbito profissional como no pessoal. Você possui a seriedade, a fidelidade e a honestidade que o 2 tanto preza. Vocês gostam de trabalhar em conjunto, pois ambos têm espírito de cooperação e definem bem os seus papéis. Tendem a cultivar as mesmas idéias e são batalhadores na busca das suas metas. O 2 aprecia seu espírito de organização e seu raciocínio lógico, que acabam auxiliando-o a resolver muitas questões. Na vida afetiva, curtirão o aconchego familiar. Ele, com paciência, saberá lidar com o seu mau humor. Cuide para que a rotina não faça com que vocês acabem, sem perceber, se afastando um do outro.

Você (4) se relacionando bem com uma pessoa 3

Se a vida é um avião, a pessoa 3 está sempre a mil por hora, esbanjando alegria e entusiasmo, e você estará ali, de olho no velocímetro e atento para não deixar o combustível acabar. Vocês têm um ritmo diferente e são a antítese do outro em quase tudo: ele é extravagante, comunicativo, versátil e gosta de novidade. Você é conservador, reservado, inflexível e demora muito a experimentar algo novo. Mas não encare isso como o fim, e sim o começo de uma parceria que se encaixa perfeitamente. Use seu raciocínio lógico para convencer o 3 de que agito em excesso não é bom e que é importante ter um uma base segura para seguir em frente. Aprenda com o 3 a ter mais senso de humor e a levar a vida de modo mais leve.

Você (4) se relacionando bem com outra pessoa 4

Mais perfeito, impossível. Perfeição é o que vocês sempre irão buscar. Tudo tem de estar no seu devido lugar, de forma estética e ordenada. Vocês não toleram falhas. No início, se encantarão com a organização do companheiro, mas vai chegar uma hora em que vão acabar batendo de frente. Você vai querer de um jeito e ele, de outro. As diferenças, imperceptíveis aos demais, vão começar a aparecer. Mas o alto senso de justiça, a dedicação com que fazem suas atividades, a sinceridade e a retidão podem solidificar uma duradoura relação de amizade e companheirismo. Procurem ceder e se colocar no lugar do outro. Assim, acabarão se integrando de forma perfeita. Ou quase perfeita... Afinal, é bom sair da rotina, não é mesmo?

Você (4) se relacionando bem com uma pessoa 5

Numericamente, você vem antes do 5. Mas bem que gostaria de vir depois – de preferência, bem depois... Vocês têm temperamentos opostos. Num primeiro momento, podem até se atrair, pois o 5 é sedutor, mas em pouco tempo o encanto tende a acabar. A pessoa 5 é imprevisível e isso se choca com sua necessidade de ter as coisas sempre nas mãos. Você vai querer colocar rédea curta no 5, o que para ele é o fim do mundo. Ele não gostará nada do seu perfeccionismo e do seu hábito de pedir satisfação por tudo. Procure ensiná-lo a viver mais o presente, cedendo um pouco e agindo de forma menos rígida. Que tal um curso de reciclagem profissional ou uma terapia alternativa para colocá-los em sintonia?

Você (4) se relacionando bem com uma pessoa 6

Lar, doce lar. Escritório, doce escritório. Conviver com o 6 é cultivar o apego à casa e ao local de trabalho. Vocês têm tudo para se dar bem, pois ambos são dedicados e lutam para manter o que conquistaram. Curtem o conforto e a segurança. São estáveis e tendem a fazer carreira nas empresas onde trabalham. Você, mais organizado e perfeccionista, tende a zelar pelas questões mais racionais. A pessoa 6 é mais intuitiva e pode apontar ameaças e oportunidades que você não consegue enxergar. Afetivamente, vocês também formam uma união sólida, alicerçada no respeito mútuo. A maior dificuldade do relacionamento reside na necessidade constante de atenção do 6, enquanto você se volta demais para o trabalho.

VOCÊ (4) SE RELACIONANDO BEM COM UMA PESSOA 7

Em qualquer relação, a convivência tem pontos favoráveis e desfavoráveis. Porém aqui as diferenças são marcantes. Por um lado, cada um de vocês admira no outro o comportamento reservado, comedido e a busca de um trabalho e uma vida pacíficos e serenos, sem grandes extravagâncias. Não vivem de aparências, mas apreciam tudo que é bem-feito. Por outro lado, o 7 é exigente e não raro se fecha dentro de si, distanciando-se dos outros. Isso pode impedir que ele tenha um bom desempenho no trabalho ou uma relação afetiva prazerosa. É preciso que você tenha muita paciência e aos poucos vá rompendo essa barreira, dando a ele segurança e apoio nas questões materiais. Ele, por sua vez, vai trazer mais espiritualidade à sua rotina. Será bom para vocês!

VOCÊ (4) SE RELACIONANDO BEM COM UMA PESSOA 8

Se no campo afetivo essa relação exige que os dois cedam muito mais, no plano profissional ela é excelente. Ambos são obcecados por trabalho. Dedicam-se de corpo e alma às suas atividades profissionais e fazem do escritório seu lar e do lar, uma extensão do escritório... Vocês são disciplinados e dedicados. O 8 é ambicioso, vislumbrando oportunidades e se atirando em projetos de grande vulto. Você se preocupa com os detalhes, dando uma boa sustentação aos vôos do seu parceiro. No amor, as dificuldades serão consideráveis, pois ambos são fechados e não expressam seus sentimentos. É fundamental que realizem juntos atividades sem fins lucrativos e que possam uni-los, despertando-os para outros valores da vida.

Você (4) se relacionando bem com uma pessoa 9

Você, que por natureza é uma pessoa que vive em função do trabalho, terá alguma dificuldade em lidar com o espírito humanitário e idealista do 9. Isso não significa que você não se importe com o próximo. Mas o 9 se volta exageradamente para os problemas dos outros, distanciando-se da realidade. Isso irrita você, que tem senso prático e vive o presente. Esse parceiro anda nas nuvens, procurando um futuro que parece nunca chegar. Você quer resolver tudo de forma ágil, enquanto ele precisa de mais tempo. O 9 conhece muita gente, enquanto você é reservado e exclusivista. Procure envolvê-lo em atividades que tenham cunho social e tire proveito disso: você vai crescer bastante como cidadão!

Você (4) se relacionando bem com uma pessoa 11

Vocês formam uma dupla com boas chances de realização no campo profissional. A admiração é recíproca. A pessoa 11 tem muitas idéias e sonha alto. É entusiasmada e dotada de liderança e magnetismo para tocar projetos inusitados e grandiosos. E você tem a habilidade necessária para orientar a caminhada dela, que costuma ser estabanada e cheia de atropelos. O 11 é dado a reações e comportamentos extremados. Tanto pode ser um amigo leal e parceiro como um inimigo implacável. No plano afetivo, as dificuldades são consideráveis. Enquanto o 11 gosta de externar seus sentimentos, você é mais recatado. Dê um pouco de espaço a ele e esteja certo de que vocês poderão ter um relacionamento sólido e duradouro.

5

Criatividade, Liberdade, Raciocínio Rápido e Flexibilidade

Você, uma pessoa 5!

Vamos falar logo como você é, antes que feche o livro e vá fazer outra coisa. Já se interessou, não? Pois a pessoa 5 é assim mesmo: dinâmica, ativa, original, ela não pára. Inquieta e imprevisível, preza a liberdade acima de tudo. Quer ser dona do seu destino. Adora conhecer gente nova e desbravar o desconhecido. O 5 nada teme, a não ser encontrar pessoas que limitem sua imensa capacidade criativa. Gosta de muita ação, é empreendedor, mas o maior problema é que tem dificuldade em terminar aquilo que começou. Sua maior Lição de Vida é superar isso e, numa relação profissional ou afetiva, encontrar pessoas que lhe dêem um senso de direção, incentivando-o a estabelecer metas mais claras.

Você (5) se relacionando bem com uma pessoa 1

Você, aqui, e ele, o 1... bem distante. É que a pessoa 1 quer, em relação a quem ama, a liberdade, como você, pois ela também quer seguir seu próprio caminho. Independente e individualista, o 1 se incomoda ao extremo com pessoas que não definem claramente o que querem, começando uma atividade atrás da outra, sem concluir nenhuma. Ele fica possesso com suas hesitações e, se você der muitos palpites na vida dele, o tempo pode fechar. Seja perseverante e ele vai acabar se interessando pelo seu jeito sensível e sociável, qualidades de que ele tanto carece. Você vai ajudá-lo a abrir portas e ambos vão descobrir que possuem um dinamismo comum, voltado para grandes realizações e potencializado no trabalho e no amor.

Você (5) se relacionando bem com uma pessoa 2

Por onde passa, você faz amigos. Na empresa, na comunidade, no clube e no bairro, você é bem popular. O 2 é mais pacato e escolhe a dedo com quem vai se relacionar. Mas não encare isso como uma dificuldade. É inegável que a relação terá suas turbulências, mas vocês podem se dar bem, porque se completam. O 2 tem o dom da diplomacia, que favorecerá o entrosamento entre vocês e ajudará a conciliar suas desavenças com os outros, abrindo o seu caminho. Ele também aprenderá a apreciar sua vitalidade e seu dinamismo, pois, sem a ajuda de alguém mais atirado, ele pode não sair do lugar. E, afinal, todos querem progredir na vida. No amor, vocês também podem ter uma relação excitante. Seja mais romântico e procure realizar atividades a dois. Você não vai se arrepender!

VOCÊ (5) SE RELACIONANDO BEM COM UMA PESSOA 3

Novidades! Surpresas! Festas! Viagens! Idéias geniais! Programas inusitados! É isso mesmo: muito entusiasmo e muita criatividade serão a tônica da relação de duas pessoas cheias de vida como vocês. Com sua popularidade e sua habilidade para convencer os outros, você abrirá caminho para que o 3 coloque em ação tudo o que a mente fértil dele desenvolveu. Otimista por natureza, ele sempre vê o lado bom de qualquer situação. O ponto de atrito entre vocês reside na impulsividade de ambos. Você, rebelde e instável, e ele, imaturo e exagerado, podem de repente explodir, pondo em risco uma parceria ou uma relação afetiva. Procurem agir com mais ponderação, concluindo aquilo que começaram. Assim, o que não vai acabar nunca é aquele entusiasmo que os uniu.

VOCÊ (5) SE RELACONANDO BEM COM UMA PESSOA 4

Essa relação tem tudo para dar errado – ou tudo para dar certo! Vocês têm temperamentos opostos e se por um lado isso pode trazer sérios conflitos, por outro, pode contribuir para que vocês se completem. O 4, organizado e disciplinado, pode dar um sentido mais prático e claro à sua vida, que segue um ritmo alucinado e muitas vezes sem propósito. Na ânsia de experimentar um pouco de tudo, o tempo vai passando e você não constrói nada de concreto. O 4 é o companheiro ideal para ajudá-lo a levar a cabo suas ações. E você vai dar muito mais dinamismo ao "parado" companheiro. Ele vai precisar muito da sua criatividade e da sua ousadia para vencer na vida. No amor, o senso de complementaridade é perfeito. Se a relação entrar numa rotina insuportável, procure afastar seu parceiro do celular, do computador... e siga em frente!

Você (5) se relacionando bem com outra pessoa 5

Vocês certamente vão se encontrar numa atividade nova ou em um projeto inédito. E a princípio vão ficar encantados com o estilo aventureiro do outro. Afinal, vocês são muito parecidos. O maior problema – justamente o grande desafio – desse relacionamento é evitar que esse gosto desmedido pela liberdade transforme o envolvimento de vocês em projetos infrutíferos e pura perda de tempo. É preciso lembrar que é bom viver em liberdade, mas para tudo há limites. No trabalho em equipe, vocês serão apreciados pelo espírito de sociabilização, porém vai chegar uma hora em que os resultados serão cobrados. No amor, procurem descobrir uma atividade que agrade aos dois e que vocês possam levar até o fim. Vocês vão aprender que muitas vezes ter um objetivo e cumpri-lo faz bem.

Você (5) se relacionando bem com uma pessoa 6

A primeira impressão que você vai ter de um 6, em especial num ambiente de trabalho ou na convivência em grupo, é que ele é tão caxias que pode parecer um bajulador dos superiores. Mas isso é apenas aparência. Ele é dedicado, correto nas suas atitudes e fiel aos companheiros. Porém você, que gosta de liberdade, vai custar a engolir o jeito pacato do 6. Ele também vai se ressentir do seu espírito atirado e terá a impressão de que você é irresponsável e infantil e acha que a vida é só brincadeira. Mas procure confiar nele, pois o 6 é sincero e afetuoso. Tente também ganhar a confiança dele e, sem deixá-lo intrometer-se demais na sua vida e controlá-lo, valorize-o. Aos poucos, com seu senso de humor, faça com que ele entre na sua órbita.

Você (5) se relacionando bem com uma pessoa 7

Vocês dois literalmente viajam, porém para mundos diferentes. Você quer sair por aí em uma aventura, uma convenção de vendas, uma festa, enfim, quer estar em todas. É o rei da popularidade. Em compensação, o 7 quer sossego para meditar sobre os mistérios da vida e aqueles que cercam a sua existência. Reservado, ele observa o jeito de ser de cada um. Para que vocês entrem em sintonia, comece a encará-lo de outra forma: ele é o parceiro que pode analisar e opinar sobre suas questões, dando direcionamento a você e ao trabalho dos dois. Na vida afetiva, ele também poderá fazê-lo centrar-se, sendo um bom parceiro. Mas, para ganhar a admiração do 7, faça atividades que estimulem a curiosidade dele e você se sentirá um passageiro de primeira classe, com atendimento VIP.

Você (5) se relacionando bem com uma pessoa 8

O número 8, escrito deitado, transforma-se no símbolo do infinito. E é essa dimensão que ele pode dar à sua vida. Nada mau para uma pessoa como você, que gosta de voar em direção ao horizonte, ao infinito. Por um lado, o conceito de infinito traz a vocês perspectivas de um bom entrosamento em qualquer atividade, pois você conhece muita gente, tem idéias criativas e o 8 tem o poder e a determinação para levá-las adiante, transformando-as em grandes conquistas. No entanto, esse horizonte sem limites pode ser o foco de atrito entre vocês, pois você precisa de liberdade e o 8 tem uma necessidade muito grande de controlar. Pense antes de falar e procure envolvê-lo com seu senso de humor e atividades prazerosas. E aproveite a capacidade de realização que ele tem.

Você (5) se relacionando bem com uma pessoa 9

Vocês formam uma dupla com excelentes perspectivas de relacionamento e realizações em todos os sentidos. A pessoa 9 é ponderada, o que significa que não vai cercear sua tão preciosa liberdade. Ao mesmo tempo ela saberá, com paciência e sabedoria, mostrar a você que a vida está aí para ser aproveitada. Porém é importante que você estabeleça objetivos e se comprometa mais, caso contrário não conseguirá concretizar nada e um dia vai acordar se perguntando: o que eu construí até hoje? Não terá crescido profissionalmente como gostaria e tampouco terá constituído família. Portanto não deixe de apoiar as causas do 9, de ouvir os seus conselhos, e vocês terão uma relação baseada na liberdade e no respeito, que preencherá as expectativas de ambos.

Você (5) se relacionando bem com uma pessoa 11

Uma surpresa a cada instante! De repente o 11 chega e envolve você em algum novo projeto. Novidade! Esse é o combustível da sua vida, não é mesmo!? E a pessoa 11, que também é criativa e muito proativa, está sempre em busca de novos horizontes. Ela tem tudo para se dar bem com você. A maior dificuldade é que, se você estiver voando alto demais, ela pode querer obrigá-lo a fazer um pouso forçado. E vai querer que você pouse bem na mãozinha dela. Isso é demais para um 5 de carteirinha! A instabilidade emocional também pode deixá-los fora de sintonia. Para que possam ter uma relação mais equilibrada, um deve procurar crescer com as idéias do outro, agindo com ponderação e humildade.

6

RESPONSABILIDADE, EQUILÍBRIO, JUSTIÇA E ESPÍRITO DE EQUIPE

VOCÊ, UMA PESSOA 6!

Você é pura emoção. Tanto em casa como no trabalho, se entrega de corpo e alma. E naturalmente deseja que as pessoas com quem se relaciona ajam da mesma maneira. Você é sensível, dedicado e gosta de dar e receber muita atenção. Você quer relações duradouras e procura transformar o lar em um ambiente afetuoso e cheio de amor. O lugar onde você trabalha também tem de ser uma extensão da sua casa, para que você se sinta num porto seguro. Por isso busca no seu parceiro e nos colegas do dia-a-dia, especialmente nos seus superiores, sinceridade e proteção. Para se dar bem com os outros, controle sua profunda sensibilidade, caso contrário pode se tornar uma pessoa insegura, melindrosa e ciumenta.

VOCÊ (6) SE RELACIONANDO BEM COM UMA PESSOA 1

Conviver com uma pessoa 1 não é das tarefas mais fáceis, no início. No trabalho, você vai sentir na pele como o 1 é individualista e vai realizando as tarefas sem dar muita satisfação. E, se for questionado, fica uma fera. Você, que é mais dotado de espírito de equipe, é que deve procurar mostrar a ele, com paciência, que ninguém pode fazer tudo sozinho. Deixe-o liderar ou, pelo menos, sentir que tem algum controle sobre parte daquilo que vocês estão desenvolvendo em conjunto. Aos poucos você conquistará a confiança do 1. Ainda que nem sempre admita, ele precisa de atenção. Portanto ele vai apreciar os seus cuidados e, com a ajuda de sua sutileza, esse batalhador incansável acabará cedendo e não vai querer mais abrir mão da sua parceria ou companhia.

VOCÊ (6) SE RELACIONANDO BEM COM UMA PESSOA 2

Entre vocês haverá muita harmonia e senso de companheirismo, pois ambos têm espírito apaziguador e a capacidade de conciliar suas atividades. O 2 é um diplomata nato e se encanta com o seu capricho e seu jeito afetuoso de lidar com todas as questões. Bons parceiros na alegria e na adversidade, vocês estarão unidos na hora de enfrentar as dificuldades do trabalho e do lar. Você está sempre pronto para ajudar, mas em contrapartida gosta de receber atenção. Porém não exija exclusividade do seu companheiro e evite tratá-lo com palavras ríspidas ou ambíguas, pois ele se magoa facilmente. Procure compreender as necessidades do 2 e ele retribuirá sendo compreensivo. E assim você terá um excelente cúmplice na sua vida.

Você (6) se relacionando bem com uma pessoa 3

Esse parceiro adora luzes. Comunicativo como ninguém, ele faz da vida um grande agito. E certamente vai dar uma sacudida em você, colocando entusiasmo, otimismo e alegria no seu caminho. Mas, se ele adora luzes, você poderá dar a ele a luz de que ele mais carece: estabilidade, maturidade e um compromisso maior com uma vida regrada e responsável. Porém não queira colocar rédea curta no 3 logo no início, pois você pode afugentá-lo. Ele vai parecer muitas vezes um tremendo fanfarrão, todavia o caráter sociável dele vai enriquecer a sua vida, pois não se deve viver fechado no trabalho ou no lar. Conhecer pessoas é uma forma de expandir seus horizontes. Se você se fechar para o mundo, vai acabar escondendo os seus talentos.

Você (6) se relacionando bem com uma pessoa 4

O 4 é por natureza alguém de princípios sólidos que tende a lhe dar segurança e proteção. Ainda que tenha um jeito duro e até ríspido de lidar com os outros, deixando você magoado às vezes, ele pode ser aquele ponto de apoio, sereno e estável, com que você tanto sonha. Como ele é detalhista e cheio de cuidados, vocês vão se dar muito bem, ainda que o espírito crítico dele possa vir a desgastar a relação. Afetivamente, o convívio tende a ser prazeroso, pois ambos apreciam desfrutar o aconchego familiar. Mas é preciso ter cuidado para não deixar que a relação caia na rotina. Procure falar das suas necessidades e seja paciente, pois assim poderá ter um parceiro amigo e disposto a completá-lo.

Você (6) se relacionando bem com uma pessoa 5

Nesse relacionamento, adaptação é a palavra-chave. Dê tempo ao tempo. Você gosta de planejar e ele, ainda que seja criativo e inteligente, prefere a liberdade, vivendo o presente. A vida de um 5 é imprevisível, sujeita a chuvas e trovoadas, o que deixa você inseguro e perdido. Procure, sem se anular, entender a compulsão dele por novidades. Se você pretende se relacionar com uma pessoa 5 no plano afetivo, não terá dificuldade, pois a atração que existe entre os dois é muito forte. Mas, para que essa união tenha futuro, é fundamental que você seja tolerante com ele se quiser receber afeição em troca. Evite "grudar" e de vez em quando mostre-se um pouco indiferente, deixando-o intrigado. Assim ele logo vai se aproximar de novo.

Você (6) se relacionando bem com outra pessoa 6

É inegável: nós vivemos num mundo extremamente competitivo. Mas entre duas pessoas 6 essa competição pode passar dos limites. Um quer ser melhor que o outro. O espírito crítico aguçado dos dois vai fazer com que encontrem defeitos no companheiro. Será algo quase compulsivo. Não confunda espírito de equipe com dar palpites na vida alheia. Seja mais comedido e opine quando for conveniente. Cada macaco no seu galho... Por outro lado, essa obsessão pelo detalhe faz com que o 6 transforme o local onde trabalha ou mora em um verdadeiro castelo. No amor, procurem participar de ações comunitárias que desarmem o espírito arredio dos dois, colocando-os na mesma sintonia.

Você (6) se relacionando bem com uma pessoa 7

A boa comunicação é fundamental para o sucesso na vida. Em qualquer ambiente de trabalho ou comunidade trata-se de uma questão de sobrevivência. Mas ter um 7 ao seu lado vai exigir de você muita paciência, pois ele está sempre viajando, analisando questões existenciais e as atividades que está fazendo. Além do mais, o 7 não está tão distante como você imagina. E, para seu governo, ele já sabe tudo sobre você. Mas não se preocupe: pode confiar no 7, pois ele é um poço de segredos. Por ser exigente, o 7 reflete bastante sobre os passos que vai dar, e só quando tem certeza é que toma uma decisão. Ele precisa do seu senso de realidade para manter os pés no chão e esse deve ser o elo a partir do qual vocês vão se dar bem, tanto no trabalho como no amor.

Você (6) se relacionando bem com uma pessoa 8

Aqui há campo para uma grande parceria. A pessoa 8 transmite confiança e você retribui com atenção e admiração, colocando-a nas alturas. E ela adora ser elogiada. Mas cuidado com a bajulação! Ambicioso e determinado, o 8 gosta muito de comandar. É conservador e sabe como agradar àqueles que o cercam. Almeja tanto o sucesso que por vezes esquece tudo, podendo magoar uma pessoa sensível como você. Não guarde ressentimentos e procure revelar aquilo de que você não gosta. É preciso que o papel de cada um esteja bem definido. Demonstre consideração por tudo o que o 8 faz e afirme que você está disposto a ajudá-lo a chegar lá. Ele, por sua vez, vai fazê-lo sentir-se mais seguro e protegido.

Você (6) se relacionando bem com uma pessoa 9

Vocês formam uma boa parceria desde o início, pois o 9 é bastante solícito e dedica-se intensamente às causas que abraça, em especial àquelas que beneficiem outras pessoas. Mesmo que trabalhe numa empresa que gere produtos de consumo, antes de mais nada vai pensar no bem que seu trabalho vai trazer aos outros. A sinceridade e a lealdade desse companheiro vão conquistá-lo e ele sempre estará pronto para perdoar caso você o critique, pois encara tudo de forma construtiva. Procure não cercear demais o 9 e evite um comportamento vingativo, o que ele não iria aprovar. Numa relação amorosa pode haver uma troca intensa de afeto e uma dedicação recíproca que tornará a vida a dois deliciosamente mágica e duradoura para vocês.

Você (6) se relacionando bem com uma pessoa 11

Que bom ter um 11 no seu caminho! Obstinado e criativo, ele está sempre envolvido em projetos diferenciados dos quais você pode participar. Intuitivo, ele percebe se está lhe desagradando, mesmo que você não reclame. O 11 não é individualista, ainda que por vezes seja explosivo. Se for contrariado, acaba se fechando. Mas você pode conquistá-lo facilmente, com sua sabedoria, seu bom gosto e sua sensibilidade. Atencioso, ele não vai deixar de lhe fazer elogios sinceros, pois sabe que você é vaidoso e gosta de ser reconhecido pelos seus feitos – a propósito, ele também. Evite falar dos outros, pois ele abomina fofocas. Afetivamente, vocês podem formar um belo casal, pois ambos curtem o convívio com a família e os amigos.

7

Poder mental, intuição, espiritualidade e discrição

Você, uma pessoa 7

Diferentemente da abertura dos outros Números, dispensamos o ponto de exclamação aqui, pois você é discreto e não gosta de fazer estardalhaço. Prefere a reclusão à exposição pública. Presta muita atenção nas pessoas ao redor. Procura não tirar conclusões precipitadas sobre qualquer assunto, analisando primeiro a questão de todos os ângulos. Não é de se gabar dos seus feitos e aprecia trabalhar na retaguarda, como conselheiro e confidente. Quer ser guiado pela espiritualidade e não costuma se apegar a bens materiais. Se você está consultando regularmente este livro, isto significa que ele tem conteúdo, pois você abomina a superficialidade. Fofoca? Foge dela, assim como das pessoas que falam demais. No amor, avalia bem o parceiro antes de se aproximar e de se envolver.

Você (7) se relacionando bem com uma pessoa 1

Vocês possuem um traço de personalidade em comum: o individualismo. Porém há uma diferença básica. Enquanto você parece estar sempre fechado para balanço, isolando-se no seu mundo interior, a pessoa 1 está toda acesa lá fora e quer realizar os projetos dela sozinha. Ela muitas vezes diz que trabalha bem em grupo, mas normalmente tem dificuldade em compartilhar idéias. Gosta de mandar, não suporta ser contrariada e não sabe ouvir críticas. Aí reside o principal ponto de conflito entre vocês. Mas, ao mesmo tempo, isso pode ser o ponto de partida para um relacionamento saudável no trabalho, na comunidade ou no amor, pois o 1 vai lhe trazer uma nova dimensão do mundo, levando-o a colocar em prática toda a sua teoria. Isso vai ser possível quando ele entender que você pode ajudá-lo a evitar erros de julgamento.

Você (7) se relacionando bem com uma pessoa 2

Na seqüência numérica, o 2 vem em seguida ao 1, mas, em termos de personalidade, deveria estar bem longe. Ele adora trabalhar em grupo e fica preocupado quando sente um clima de desunião, procurando logo conciliar as posições divergentes. Da mesma forma, ele se desdobrará para conquistar sua confiança. Vocês têm um relacionamento amigável e construtivo, ainda que o 2 se ressinta muitas vezes da sua falta de atenção. Seu silêncio pode levá-lo à loucura, pois ele é adepto do diálogo constante, enquanto você se manifesta somente quando consegue ver toda a questão com clareza. Na vida afetiva, o 2 pode se chatear com o seu estilo eremita, pois ele prefere uma vida mais agitada. Tire do fundo do seu coração palavras bonitas e sorria para ele. Isso pode render um bom dia para o seu carente parceiro.

Você (7) se relacionando bem com uma pessoa 3

Não julgue o caráter expansivo do 3 como um defeito. É certo que ele se assusta com a vida serena e introspectiva que você leva. Também não ponha defeito em tudo o que ele faz, achando que o 3 gosta de aparecer. Ele é alegre por natureza e tem uma necessidade enorme de trocar idéias e se relacionar com muitas pessoas. Se você quer levar adiante seus planos elaborados com tanto critério, o 3 é o companheiro ideal para colocá-los na vitrine. Se ele perceber que você confia nele, o entusiasmo será dobrado. E ele também aceitará seu comportamento prudente e reservado. Afetivamente, vocês devem procurar respeitar o espaço do outro, sem cobranças. Não esconda tanto os seus sentimentos. Viva mais o presente, pois o passado já se foi e o futuro pode esperar.

Você (7) se relacionando bem com uma pessoa 4

Vocês são como água e vinho. Ou, mais apropriadamente, como água e vinagre. Sim, vinagre, pois a relação pode ser bem ácida. Enquanto o 4 age de acordo com a razão e está em busca de conforto material, você vive mais em função da emoção e almeja conforto espiritual. Mas, justamente por causa dessas diferenças, o relacionamento entre vocês pode ser uma valiosa troca de experiências. Enquanto ele lhe dá uma base organizada, sistematizando sua vida e suas idéias, você contribui para que ele reflita mais sobre o porquê de cada experiência. Na vida amorosa, não deixe que a rotina do trabalho prejudique a relação. Viaje ou realize atividades humanitárias com ele, para mantê-lo em sintonia com você.

VOCÊ (7) SE RELACIONANDO BEM COM UMA PESSOA 5

Conviver com uma pessoa 5 pode levá-lo a dar uma guinada de 180 graus na sua vida. Amante da liberdade, o 5 não se contenta em fazer uma atividade só. Quer participar de tudo o que aparece. Ele sempre vai dizer que se trata de uma oportunidade imperdível, de um sistema novo, de um método revolucionário... Enfim, é novidadeiro como ele só, está sempre começando, experimentando. Mas raramente termina algo. Enquanto isso, você ainda pode estar analisando aquela primeira oportunidade que surgiu. Para haver equilíbrio nesse relacionamento, tanto no plano profissional como no afetivo, é preciso que cada um dê uma guinada de 90 graus e, com isso, se movam para cima. Não sufoque seu parceiro e deixe que ele permeie seus pensamentos com novas idéias, trazendo entusiasmo e movimento à sua vida.

VOCÊ (7) SE RELACIONANDO BEM COM UMA PESSOA 6

O maior desafio desse relacionamento é fazer com que se estabeleça um diálogo produtivo. No começo, vocês mal se falam, especialmente porque você é muito fechado. A conversa de vocês se limita a alguns monossílabos – não, oi, sim, tchau... A pessoa 6 tende a tomar a iniciativa, mas isso pode demorar um pouco. Enquanto isso, vocês vão reparando no modo de agir do outro. O 6 é correto, leal e veste a camisa quando defende uma causa. Mas você ainda hesita em abrir a guarda, pois nota que ele gosta de dar palpites demais, atitude que você não suporta. Tanto no amor como no dia-a-dia, para você se dar bem com uma pessoa 6 é preciso demonstrar suas inquietações em relação ao comportamento dela. Nunca deixe para lá algo que ficou engasgado. Agindo dessa forma, vocês manterão uma boa sintonia.

Você (7) se relacionando bem com outra pessoa 7

Quem vai tomar a iniciativa? Vocês falarão pouco, mas por meio de olhares começarão a trocar impressões e a sentir que o outro é parecido: precisa conhecer melhor as pessoas com quem vai se relacionar, antes de se abrir com elas. Se estiverem envolvidos num projeto, essa parceria pode demorar a vingar. Mas, se você já sentiu que o seu companheiro é comedido como você, não fique esperando que um dia os dois fiquem presos no elevador para então poderem conversar. Vocês são conselheiros reservados, apaixonados por pesquisa e estudos aprofundados. Altamente espiritualizados, podem formar uma parceria profissional ou mesmo afetiva sincera e de aprendizado mútuo constante. Vai esperar o elevador parar?

Você (7) se relacionando bem com uma pessoa 8

Você lê, estuda, faz cursos, pesquisa e não pára de refletir sobre o tema em que está interessado. E assim vai seguindo na vida, no trabalho e na comunidade em que atua. Você tem muitas idéias que poderiam ser úteis, mas sempre quer estudá-las mais e tem muita dificuldade tanto em expô-las como em colocá-las em prática. O 8 precisa justamente de boas idéias, pois não é tão criativo quanto você. Mas, por outro lado, ele tem uma capacidade ímpar de concretizar as idéias e transformá-las em grandes obras. Não encare as personalidades diferentes de vocês como um obstáculo, e sim como uma ponte para o sucesso. Procure, aos poucos – e você é mestre nisso –, fazer o 8 enxergar outros valores além dos materiais. Assim poderão ter uma relação, tanto amorosa como profissional, repleta de realizações.

VOCÊ (7) SE RELACIONANDO BEM COM UMA PESSOA 9

Na natureza nada se perde, tudo se transforma. Num relacionamento entre você e uma pessoa 9, haverá uma troca de experiências muito intensa. Nada será discutido em vão. Vocês são sábios e vivem voltados para a espiritualidade. Por isso encaram a vida como um aprendizado. Não suportam conversa fiada e cultivam amizades sinceras e duradouras. Você é um pouco mais retraído e reservado que o seu companheiro. Ele, dedicado e paciente, não terá dificuldade em compreender que você tem seu tempo para tudo. Porém, caso vocês tenham um envolvimento afetivo, procure respeitar a liberdade do 9, que gosta de batalhar por causas humanitárias. Ele dará ainda mais dignidade à sua caminhada.

VOCÊ (7) SE RELACIONANDO BEM COM UMA PESSOA 11

As questões espirituais, místicas ou filosóficas é que vão aproximá-los. Vocês costumam mergulhar num mundo infinito de pensamentos, mas precisam – especialmente você – colocá-los para fora. O 11 tende a dar o primeiro passo em sua direção e é ele que deve pôr em movimento todos esses projetos. Mas, como é estabanado e não raro tenso, tem dificuldade em enxergar os detalhes que podem atrapalhar a execução daquilo que ele planejou. E você, ponderado e observador, será o companheiro sempre pronto para aparar as arestas. No plano afetivo, controle seu nível de exigência e sugira atividades extras que os coloquem na mesma órbita.

8

EFICIÊNCIA, VITALIDADE E ESTRATÉGIA NA BUSCA DE OBJETIVOS ELEVADOS

VOCÊ, UMA PESSOA 8!

Forte e incansável, você demonstra determinação e maturidade. Perspicaz e eficiente, almeja o poder. Exigente com você e com os outros, não se envolve com facilidade. Tem necessidade de trabalhar intensamente e manter uma imagem de alguém bem-sucedido. Gosta de pessoas ambiciosas, decididas e para quem nada é impossível. Você dá injeção de ânimo em todos, ajudando a superar situações difíceis. Porém sua força pode se transformar em autoritarismo, gerando atritos constantes. Busca uma relação afetiva intensa, com jogos de poder, disputando o controle da situação. Procure relaxar e levar o dia-a-dia de forma mais descontraída, e assim sua vida será mais prazerosa.

Você (8) se relacionando bem com uma pessoa 1

A convivência de duas pessoas dominadoras, que adoram estar por cima dando ordens e comandando, de modo geral, tende a não ser fácil. Vocês podem não resistir à tentação de querer controlar o outro e aí não tem jeito: conflito à vista! Há, porém, espaço para uma aproximação, pois ambos são atenciosos e buscam relacionamentos sólidos, baseados na sinceridade. No entanto tentam dominar o companheiro e nenhum dos dois aceita um "não" nem suporta ser desafiado. Procure domar sua personalidade forte e, com o uso da razão, comece a ouvir o outro lado. Vá cedendo aos poucos, junto com a pessoa 1. Dessa forma, os dois podem somar suas energias, formando uma poderosa parceria.

Você (8) se relacionando bem com uma pessoa 2

Diante do seu vigor, da sua determinação e, muitas vezes, da sua rigidez, só mesmo uma pessoa 2 para romper todas as suas defesas. Ela é por natureza romântica, carinhosa e faz tudo com o coração. Portanto ouça este conselho: aproveite a convivência com uma pessoa dotada dessa energia, pois ela pode ensiná-lo a dar e a receber, a utilizar mais o tato e a diplomacia quando você fala ou dá ordens, ou mesmo quando quer impor alguma coisa a alguém. Você logo vai aprender a respeitar e a valorizar o 2, pois sentirá que ele é um grande aliado, que dá apoio a você e lhe traz serenidade. E, se houver um envolvimento afetivo entre vocês, use o seu vigor para acender a chama da paixão e esquentar mais a relação.

Você (8) se relacionando bem com uma pessoa 3

Haja energia! Você, com sua determinação, e a pessoa 3, com todo o otimismo que ela carrega, fazem uma combinação vibrante e de muita sinergia, voltada para grandes realizações. Vocês ficam envaidecidos com suas conquistas e gostam de ter o reconhecimento dos outros. Porém o 3 tende a se empolgar demais e isso pode incomodá-lo, pois você faz questão de mostrar que tem o controle da situação. O 3 é incansável – aliás, toda pessoa 8 também é – e por isso pode querer fazer tanta coisa ao mesmo tempo que acabará dificultando a realização dos seus projetos, tão bem planejados. Portanto procure controlar a ansiedade e o excesso de entusiasmo do 3 para evitar que ele prejudique a caminhada dos dois.

Você (8) se relaionando bem com uma pessoa 4

A busca de objetivos comuns, fundamentados em bases sólidas, é o que mais une você a uma pessoa 4. A interação entre vocês é grande, pois ambos desejam construir algo duradouro na vida. Vocês são muito realistas e práticos e logo se tornam ótimos companheiros, atraindo-se mutuamente por causa disso. Mas cabe a você o papel de incentivar o 4 para que o relacionamento profissional não caia numa mesmice insuportável e desgastante. Isso vale para o plano amoroso também, considerando que os dois querem uma relação estável e segura. Por isso tomem cuidado para não voltar a atenção de vocês exageradamente para o trabalho ou para a carreira, deixando o afeto cada vez mais de lado.

Você (8) se relacionando bem com uma pessoa 5

O seu pensamento voltado para o futuro, imaginando grandes conquistas, pode entrar em choque com a propensão a viver o aqui e agora da pessoa 5. Se por um lado vocês formam uma dupla de alta voltagem, sendo ambos corajosos e intensos, por outro, o 5 vai lhe trazer muitos desafios, pois é uma pessoa imprevisível, que não gosta de assumir compromissos. Desse modo, vocês certamente discordarão quando você sair em busca de objetivos bem claros, em geral grandiosos, enquanto ele só quer liberdade, sem cobranças. Mas encare o lado positivo do 5 e vocês podem se dar bem até numa relação afetiva: ele vai ajudá-lo a ver a vida de outra forma, levando-o a relaxar e a descobrir que há tempo para tudo.

Você (8) se relacionando bem com uma pessoa 6

Vocês formam uma dupla que pode alçar belos vôos. Vocês se relacionam bem por natureza, pois um dá força e apoio ao outro. Ou seja, é uma autêntica parceria. Você batalha por uma vida bem-sucedida, com conquistas de grande vulto, enquanto a pessoa 6 tem um perfil mais cauteloso, cuidando para que esses vôos não terminem em tragédia. E ela o faz com muita dedicação e lealdade, uma vez que se sente protegida ao lado de uma pessoa tão decidida como você. Tudo o que uma pessoa 6 quer é se sentir reconhecida. No plano afetivo, ela almeja ser desejada e querida. Mas cuidado, pois ela se melindra por qualquer coisa. Por isso o diálogo aqui é imprescindível. Evite agir de forma brusca ou ríspida e aceite a atenção que ela dá a você.

Você (8) se relacionando bem com uma pessoa 7

A convivência entre vocês nem sempre será das mais fáceis, pois ambos são muito exigentes em relação a si mesmos e aos outros. São detalhistas e usam muito o poder da mente. Ainda que consigam se entrosar bem, vocês têm interesses e objetivos de vida distintos. A pessoa 7 é muito vulnerável e sensível, e nem sempre demonstra o que está sentindo. Mas o jeito misterioso, reservado e quase indecifrável do 7 não só intriga como atrai você, que logo passa a querer dominá-lo. Num relacionamento assim – seja no plano profissional, seja no afetivo –, é fundamental que os parceiros encontrem e cultivem pontos de admiração mútua.

Você (8) se relacionando bem com outra pessoa 8

Imagine outra pessoa igual a você, com os mesmos propósitos de vida. Haja mundo para caber tanta ambição! Vocês formam uma parceria voltada para grandes conquistas materiais. Eficientes e obcecados pelo trabalho, entregam-se de corpo e alma às realizações profissionais. O risco reside em que cada um tenha um objetivo completamente diferente do outro – aí é conflito na certa. Num relacionamento afetivo, saberão entregar-se intensamente ao outro, mas é preciso um tempo para que vocês se adaptem. Cuidado com o desejo de exercer um controle excessivo sobre o companheiro. E mais atenção ainda às destrutivas crises de ciúme. Para se darem bem, cultivem o senso de humor e o romantismo.

VOCÊ (8) SE RELACIONANDO BEM COM UMA PESSOA 9

Ainda que vocês tenham interesses bem diferentes, você pode ser um excelente anteparo para alguém tão sonhador e por vezes fora da realidade como o 9. Você pensa no futuro sem, no entanto, esquecer o dia-a-dia, definindo claramente suas metas e seus planos de ação para chegar aonde quer. O 9 é fértil em idéias, porém não costuma ter os pés no chão. Esse aspecto pode gerar dificuldades, e então a pessoa 9, frustrada, sofre, e eventualmente até se deprime. Você, que é prático e quer se dar bem com todos, deve procurar enfrentar essas situações demonstrando claramente que os seus propósitos são justos. Aproveite a criatividade do 9 para ajudá-lo a superar obstáculos aparentemente intransponíveis.

VOCÊ (8) SE RELACIONANDO BEM COM UMA PESSOA 11

Juntos, vocês podem alçar vôos bem altos. Mas terá que ser a bordo de um jumbo, pois você não se contenta com pouco. O 11 também quer voar, mas num avião bem diferente, que chame atenção. Se for um jumbo movido a energia solar, é só apertar os cintos e boa viagem! O problema é que o relacionamento de vocês está sujeito a panes no mesmo motor que os faz decolar: a alta energia que possuem pode provocar curto-circuito. Mas talvez nem seja necessário um pouso forçado, pois o desejo de chegar a um destino com sucesso é muito maior que as suas diferenças. Evite fazer cobranças e não queira transformar o 11 em seu co-piloto. Sinta e demonstre que é possível, no trabalho e no amor, que ambos conduzam juntos uma jornada bem-sucedida.

9

Idealismo, justiça, dedicação e capacidade de compreensão

Você, uma pessoa 9!

Para você, o mundo está cheio de amor e de oportunidades para se fazer o bem. Idealista e apaixonado por tudo o que faz, quando se entrega a uma causa ou a alguém, você o faz de maneira intensa. Dotado de espírito nobre, você age sempre com franqueza. Mas, como é impulsionado pelo lado emocional, não raro se machuca nas empresas onde trabalha e nos negócios que faz. Portanto precisa aprender a equilibrar o seu lado emotivo com uma dose maior de razão. Afetivamente, você demora a encontrar um grande amor, que deve ser alguém fiel e sincero, por quem você nutra uma grande admiração. No fundo, você tem uma necessidade vital de se sentir amado e valorizado.

Você (9) se relacionando bem com uma pessoa 1

Vocês podem se dar muito bem. Você é sonhador e fértil em idéias transformadoras, boa parte delas voltadas para a construção de uma sociedade mais justa. A pessoa 1 tem iniciativa e capacidade para colocar em prática tudo aquilo que você idealiza e tem dificuldade em realizar. Você também é compreensivo e acalma o agitado e ansioso companheiro. No amor, vocês se completam, mas precisam descobrir seus pontos comuns, para que eles sirvam de alicerce para uma relação duradoura. Você custa a chegar a uma conclusão e não raro perde a direção. O 1 é explosivo e imediatista. Daí ser importante ensiná-lo a discutir toda questão ponto a ponto, com calma e paciência.

Você (9) se relacionando bem com uma pessoa 2

Vocês são pessoas apaixonadas pela vida e por aquilo que fazem. O problema é o grau de envolvimento que cada um tem com suas atividades. O 2 gosta de receber uma atenção maior; ele praticamente exige exclusividade. E você, por natureza, se relaciona com muita gente, é querido, amado e, se puder, coloca o mundo dentro do seu escritório ou da sua própria casa. Se no âmbito profissional isso já traz dor de cabeça com relação ao 2, imagine no plano afetivo! Procure exercitar seu lado romântico e aos poucos você vai entender a necessidade de afeto do seu parceiro. Mas não deixe de mostrar a ele que só viveremos em um mundo melhor se dermos nossa contribuição para isso. Assim vocês serão cúmplices na felicidade.

Você (9) se relacionando bem com uma pessoa 3

O mundo vai estar em festa! Ou pelo menos vocês vão arrumar um monte delas. Os dois são entusiastas que curtem a vida, em especial a pessoa 3, que adora agitar, cultivar muitos amigos e celebrar a todo instante. Ambos são idealistas, mas, se o idealismo passar de um certo limite, vocês percebem que não chegarão a lugar nenhum. Tantos sonhos, tantos ideais, tantos planos e... nada – ou muito pouco – se concretiza, porque falta canalizar essa grande energia para uma direção comum e produtiva. Na relação amorosa isso fica evidente, pois toda essa badalação pode acabar afastando vocês. É bom ficar a sós de vez em quando, fazendo atividades a dois sem outras pessoas por perto, para esquentar a relação.

Você (9) se relacionando bem com uma pessoa 4

Se você precisava de um norte para a sua vida, a pessoa 4 servirá de bússola para que você se situe no mundo. Organizada e sistemática, ela sabe definir objetivos claros e planejar como ninguém. Porém tem um senso crítico muito aguçado, que não raro fere pessoas mais sensíveis como você. O 4 deve aprender que, para se dar bem na vida, é preciso ir além da razão. É importante ter intuição e perceber o lado emocional das coisas. Justamente aí vocês podem se completar. No plano afetivo, você deve controlar sua propensão a se dedicar a causas alheias e ele, se envolver menos com o trabalho, procurando realizar alguma atividade comum que preencha os anseios de ambos.

Você (9) se relacionando bem com uma pessoa 5

Você, que adora conhecer gente, vai encontrar na pessoa 5 uma ponte para um mundo de novas experiências. Para sua ascensão profissional e pessoal, isso é bom, porque uma boa rede de relacionamentos pode abrir portas, sendo um dos segredos do sucesso no mundo de hoje. O problema é que o 5 é incansável e costuma se lançar em projetos novos sem necessariamente acabar os que já começou. O relacionamento profissional ou afetivo dos dois também poderá apresentar dificuldades, pois ambos necessitam de muita liberdade. Procure ir mostrando pouco a pouco ao seu companheiro que é chegada uma hora na vida em que precisamos de um porto seguro. Ele vai começar a pensar nisso e certamente desejará usufruir a sua sabedoria.

Você (9) se relacionando bem com uma pessoa 6

Vocês são generosos, afetuosos, sinceros e leais e agem segundo os mais nobres ideais. Isso abre campo para uma excelente convivência no ambiente profissional, assim como para uma amizade duradoura ou um relacionamento amoroso bem estruturado e muito quente. No entanto o seu espírito solidário pode, muitas vezes, afastá-lo da convivência familiar, atingindo em cheio o sensível 6, que está sempre à espera de atenção. Mas não é difícil resolver isso, não é? Basta você prestar mais atenção ao que seu companheiro diz e faz, prestigiando o trabalho ou as atividades dele, mesmo que sejam bem simples. Um sorriso ou um elogio dirigido a uma pessoa 6 tem uma força capaz de mover montanhas...

Você (9) se relacionando bem com uma pessoa 7

O seu relacionamento com o 7, muito mais do que com outros parceiros, tende a começar às mil maravilhas. Vocês são pessoas de grande sabedoria e têm interesse em fazer descobertas juntos. Mas o encanto pode acabar logo. Se, por um lado, você é mais voltado para questões humanitárias e procura confortar o próximo, o 7, por outro, tende a se retrair em busca do autoconhecimento. Ele é muito individualista e isso pode dificultar a cooperação. Assim o relacionamento só poderá sobreviver se os dois procurarem entrar em sintonia com a realidade, praticando em harmonia o que cada um tem de melhor: você, a sua enorme capacidade de perdoar e compreender, e o 7, a espiritualidade e a intuição, que são as marcas registradas dele.

Você (9) se relacionando bem com uma pessoa 8

A ambição de vocês segue caminhos diferentes. E os objetivos também. A pessoa 8 quer alcançar grandes conquistas, especialmente de cunho material e que lhe dêem notoriedade e visibilidade. Você quer vencer e também sonha alto, mas pensa sempre no bem comum – principalmente no das pessoas menos afortunadas. Seja como colegas de trabalho, seja como parceiros no amor, vocês vão bater de frente por causa do seu espírito generoso, que o faz querer compartilhar o que conquistou com os outros, enquanto o 8 prefere guardar ou usufruir sozinho aquilo que recebe de recompensa pelo seu esforço. A fuga será sempre o trabalho. Por isso chegará um momento em que vocês precisarão parar e dar mais atenção à vida a dois, procurando realizar atividades que os deixem em maior sintonia.

Você (9) se relacionando bem com outra pessoa 9

Felizardos serão aqueles que puderem conviver com vocês. No trabalho, na comunidade ou numa relação conjugal, a união de duas pessoas tão solidárias e sensíveis resultará numa grande sinergia em prol de todos que necessitam de amparo. A relação de vocês também é marcada por um amor profundo. Mas nem tudo é alegria. Ainda que tenham uma forte ligação, vocês são exigentes e tendem a sair da realidade, em busca de objetivos inatingíveis. E, ao não realizá-los, sentirão uma grande dose de frustração, tendendo a colocar a culpa no outro pelo fracasso. Resgatem aquilo que vocês têm de melhor: a capacidade de perdoar. E, juntos, ponham os pés no chão, para chegar a um lugar que exista...

Você (9) se relacionando bem com uma pessoa 11

Vocês formam uma parceria cheia de luz e desejo de realizar grandes obras em prol da humanidade. Têm características fortes que se completam: enquanto você é altruísta e tem grande facilidade de trabalhar em equipe, ele é mais "atirado", empreendedor e, com os pés no chão, traz você de volta ao presente. Ambos são criativos e servem de apoio um ao outro, podendo ir longe nas suas empreitadas. A maior dificuldade no relacionamento de vocês – seja profissional, de amizade ou afetivo – reside no elevado grau de exigência consigo e com os outros. Se você se envolver com uma pessoa 11 no plano amoroso, deverá procurar não se melindrar diante de críticas, usando sua capacidade de compreensão.

11

Inspiração, dinamismo, garra e vontade de vencer

Você, uma pessoa 11!

É muito bom que em toda empresa, casa ou relação exista uma pessoa 11! Todos vão adorar. Dentro de você pulsa uma criatividade sem limites. O 11 gosta de novidades e está sempre em busca de grandes realizações que visem ao bem comum. Sua intuição e sua percepção são os combustíveis que alimentam esse motor vibrante, incansável e determinado. No entanto, toda essa energia nervosa pode por vezes entrar em curto-circuito, principalmente se você tiver dificuldade em atingir suas metas – aí acaba sobrando para todo mundo. Procure controlar esse seu estado emocional oscilante, tornando-se mais maleável e direcionando suas ações para objetivos mais palpáveis.

Você (11) se relacionando bem com uma pessoa 1

Vocês são por natureza empreendedores, com grande espírito de iniciativa. Além de criativos – especialmente você –, assumem a liderança de suas ações e não medem esforços para chegar aonde tanto almejam. Entretanto possuem temperamento explosivo, principalmente o 1. Ele gosta de provocá-lo, mas não aceita ser contrariado nem receber críticas. Você, que por vezes também se aborrece se alguém impõe obstáculos às suas empreitadas, tem, no entanto, mais flexibilidade e espírito diplomático. No plano afetivo, é grande a chance de haver uma forte atração e uma relação muito quente, porém aqui também podem surgir conflitos. Procure ser menos eufórico, relaxe e, com muito tato, traga seu parceiro para mais perto de você.

Você (11) se relacionando bem com uma pessoa 2

Vocês formam uma bela dupla em todos os planos. No trabalho, em casa ou mesmo na organização de um evento, você encontrará na pessoa 2 o equilíbrio de que tanto precisa para direcionar suas ações, que estão sujeitas a chuvas e trovoadas. Vocês tendem a se unir em prol da mesma causa e o 2 admira seu jeito de ser e se sente bem ao seu lado. Ele adora curtir as coisas boas da vida e você pode muito bem atender às expectativas dele. Todavia não use e abuse do compreensivo 2, pois ninguém é de ferro. Ele gosta de reconhecimento e atenção; portanto, caso você se envolva afetivamente com uma pessoa com essa energia, procure ouvi-la e considerar as ponderações dela. Assim a sinergia de vocês propiciará uma vida muito prazerosa.

Você (11) se relacionando bem com uma pessoa 3

Emoção é o que não vai faltar na convivência com uma pessoa animada e festiva como o 3. Rotina é uma palavra que não existe para vocês, que estão sempre buscando novidades, criando e inventando. No entanto, como tudo na vida tem limite – e o 3 nem sempre se dá conta disso, pois muitas vezes é exagerado –, você, que é mais crítico, pode se aborrecer com a alternância de comportamento dele. Não raro ele se empolga tanto que perde o senso de realidade. E há situações em que ele é extremamente imaturo, deixando-o furioso. Para que vocês tenham um relacionamento harmonioso, convém, de vez em quando, dar uma freada nesse ritmo alucinante e procurar o equilíbrio, que é o segredo da vida.

Você (11) se relacionando bem com uma pessoa 4

Melhor, impossível. Não, não é o nome do filme, e sim o que o 4 almeja: a perfeição. Ele executa suas tarefas com organização e empenha-se para que não haja uma falha sequer. O ambiente em que o 4 trabalha ou mora é impecável. As ações dele são quase que catalogadas e cronometradas. E se um simples papel desaparece, é o fim do mundo para ele. Isso pode deixar uma pessoa como você esgotada. Mas é bom ter por perto alguém para dar uma arrumada na sua vida impetuosa e vibrante. Veja por esse lado! O segredo para que esse relacionamento seja mais prazeroso na empresa ou na vida amorosa é que você tenha sempre novidades, envolvendo o perfeccionista 4 e trazendo mais espiritualidade à rotina dele.

Você (11) se relacionando bem com uma pessoa 5

Aparência e formalidade não cabem num relacionamento entre você e um autêntico 5. Vocês estão sempre abertos a novas experiências e juntos são capazes de criar projetos que levem a guinadas bruscas na empresa ou na comunidade em que atuam, ou mesmo numa relação a dois. Pouco importa o que os outros falem. Sintonizados com o mundo, vocês são vanguardistas e compartilham inúmeros interesses. Sabem valorizar um ao outro e são incansáveis. Mas, como o 5 tende a ser muito instável e obcecado pela liberdade, isso pode trazer problemas a vocês. Evite ser muito crítico e procure prestigiá-lo. Desse modo os altos e baixos podem fazer da convivência entre vocês uma divertida montanha-russa.

Você (11) se relacionando bem com uma pessoa 6

Mais caseiro e reservado, o 6 traz uma boa dose de bom senso à sua vida agitada, que, com certa freqüência, sai dos trilhos. Ele pode colocá-lo no caminho certo. Fiel, sensível e cordial, o 6 gosta de receber atenção e pode magoar-se com você, que muitas vezes é movido mais pelas idéias do que pelos sentimentos. Ele quer uma parceria e gosta de sinceridade. Mas, ao falar com ele, tome cuidado com as palavras que você usa. O 6 também o acalma e vai apreciar a sua enorme capacidade de sonhar e querer levar adiante projetos grandiosos, tanto na relação profissional quanto na afetiva – principalmente o de construir uma linda e confortável casa para a família.

Você (11) se relacionando bem com uma pessoa 7

Os dois têm fome de conhecimento. Porém, enquanto você gosta de sair por este mundo afora, o 7 tende a se voltar para dentro de si mesmo. Mas isso pode ser positivo, pois a convivência entre vocês vai gerar um crescimento mútuo. Você é dotado de uma intensa energia, agitado, dinâmico e busca grandes realizações. O 7 é mais pacato, introspectivo e precisa ter o seu próprio tempo. E o tempo é precioso para você. Aí reside uma de suas maiores dificuldades em conviver com ele. Para que a relação profissional ou afetiva não caia numa rotina infrutífera, procure dedicar-se a atividades que dêem vazão àquilo que ambos têm em comum: a curiosidade, sempre em busca de algo produtivo.

Você (11) se relacionando bem com uma pessoa 8

Juntos, vocês se transformam num rolo compressor: implacáveis e decididos, sempre em busca de grandes sonhos. Vocês são perseverantes, não sucumbem diante da primeira dificuldade, amam a vida e têm orgulho de suas realizações. Aliás, adoram um elogio, ingrediente fundamental para o sucesso desse relacionamento. Você, mais criativo e intuitivo, e ele, mais organizado e autoconfiante, sentirão uma forte atração mútua. Essa sinergia propicia um terreno fértil para a realização material e afetiva. Mas cuidem para que o espírito de liderança não os coloque em conflito. Em vez de lutar pelo poder, use sua força espiritual e, sempre que possível, proponha atividades leves e descontraídas.

Você (11) se relacionando bem com uma pessoa 9

Vocês gostam de realizar grandes obras e dedicam-se com afinco àquilo que se propõem a fazer. O resultado bem-sucedido das suas ações é muito mais importante do que o retorno financeiro que elas podem trazer. E a pessoa 9 vai dar um colorido ainda mais humanizado à sua caminhada. O problema é que vocês tendem a se envolver demais em suas atividades, deixando a parceria de lado. Isso pode gerar um "cada um por si, Deus por todos". Vocês precisam compartilhar seus ideais sem deixar que a rotina se instale no dia-a-dia. Melhore o diálogo e controle suas emoções, evitando fazer tempestade em copo d'água. Encha a vida de novidades e assim tudo será mais prazeroso e fácil de lidar.

Você (11) se relacionando bem com outra pessoa 11

Felicidade não existe para um só. Imagine-se num lugar onde apenas você se dá bem, enquanto os outros ficam por baixo. Pior ainda se você tem por perto outra pessoa 11. Aí vai ser competição na certa, para ver quem assume o comando. As conseqüências serão inevitáveis: vocês não conseguirão realizar nada e a frustração será enorme. Você executará suas tarefas com muito mais eficiência se pensar nas necessidades daqueles que o cercam. Será mais gratificante e os resultados virão naturalmente. Duas pessoas 11 podem se relacionar bem, mas talvez tenham que pisar em ovos, pois ambas têm personalidade forte, são ansiosas e não raro agressivas. O autoconhecimento, compartilhando as descobertas com o outro 11, é o caminho para uma relação mais equilibrada.

O poder que vem do seu nome

Aparecida Liberato e Beto Junqueyra ensinam que a Numerologia é capaz de nos ajudar na busca por equilíbrio e sucesso no trabalho, potencializando nossos talentos e abrindo portas para novas realizações.

Eles demonstram que, ao escolher um nome profissional, que é chamado de *Nome de Realização* e pode ser uma simples variação ou abreviação do nosso nome, podemos trazer qualidades e energias que faltavam a nossas vidas, tornando-nos pessoas mais completas.

Um nome profissional, um apelido ou nome de casado podem facilitar ou dificultar o desenvolvimento dos talentos naturais determinados pelo *Nome de Nascimento*. Por isso, qualquer mudança deve ser feita com o cuidado de promover uma harmonia com o nome original.

Aqui, você aprenderá a calcular e interpretar seus números e verá exemplos de como diversas personalidades – Coco Chanel, Donald Trump, Estée Lauder, Elton John, J.K. Rowling, Pelé, Madonna e Pablo Neruda, entre muitos outros – canalizaram novas energias para suas vidas ao adotar, conscientemente ou não, nomes artísticos ou profissionais.

Diga-me seu nome e direi quem você é

Diga-me seu nome e direi quem você é mostra, através da Numerologia, a influência que o primeiro nome exerce sobre nossas atitudes. Com isso os pais também poderão conhecer as características de seus filhos.

Os nomes contêm informações sobre a personalidade e os talentos das pessoas, além das oportunidades e dos obstáculos que elas enfrentarão.

Essas informações estão codificadas em três componentes: Nome de Vida, aquele que recebemos ao nascer e que indica nossa essência; Nome de Destino, nosso nome e sobrenome, que revela as experiências que marcarão nosso caminho; e Lição de Vida, que, a partir da data de nascimento, mostra as lições que precisamos aprender.

Com base nesses itens, Aparecida Liberato e Beto Junqueyra apresentam as atitudes, habilidades e dificuldades geradas pelas forças que regem nosso destino. Eles também ensinam como lidar melhor com os filhos, atrair experiências positivas e identificar as profissões adequadas ao nosso perfil.

Informações sobre os Próximos Lançamentos

Para receber informações sobre os lançamentos da Editora Sextante, basta cadastrar-se diretamente no site www.sextante.com.br

Para saber mais sobre nossos títulos e autores, e enviar seus comentários sobre este livro, visite o nosso site www.sextante.com.br ou mande um e-mail para atendimento@esextante.com.br

Editora Sextante
Rua Voluntários da Pátria, 45 / 1.404 – Botafogo
Rio de Janeiro – RJ – 22270-000 – Brasil
Telefone (21) 2286-9944 – Fax (21) 2286-9244
E-mail: atendimento@esextante.com.br